**La vie continue-t-elle après la mort ?**

La plus grande autorité spirituelle de l'Inde décrit ici le voyage de l'âme d'un corps à un autre, et explique comment mettre un terme au cycle des morts et des renaissances en atteignant la demeure suprême.

## Livres du même auteur

La Bhagavad-gītā telle qu'elle est
Le Śrīmad-Bhāgavatam
Le Śrī Caitanya-caritāmṛta
Le Livre de Kṛṣṇa
L'Enseignement de Śrī Caitanya
Le Nectar de la dévotion
La Śrī Īśopaniṣad
L'Upadeśāmṛta
La Perfection du yoga
La Vie vient de la vie
Introduction à la Bhagavad-gītā

## Autres livres

Prabhupāda : La Vie et l'œuvre du fondateur
Gloire et mystère de l'Inde
Le Goût supérieur
Science et Conscience

De nombreux autres titres sont aussi disponibles en langue anglaise et plusieurs de ces ouvrages existent en plus de quatre-vingt langues différentes.

Vous pouvez vous procurer ces livres au centre le plus près de chez vous ou à blservices.com

Gloire à Śrī Guru et Śrī Gaurāṅga

# Par-delà la naissance et la mort

**Śrī Śrīmad**
**A. C. Bhaktivedanta Swami Prabhupāda**
Acharya-fondateur de l'International Society for Krishna Consciousness

THE BHAKTIVEDANTA BOOK TRUST

Les personnes intéressées par la matière du présent ouvrage sont invitées à s'adresser à l'un de nos centres (voir la liste à la fin du livre), ou à écrire à :

hkf@pamho.net

MIXTE
Papier issu de sources responsables
FSC® C083411
www.fsc.org

EU Ecolabel
www.ecolabel.eu

Description de la couverture : Kṛṣṇa dans le monde spirituel avec Sa compagne éternelle

*Par-delà la naissance et la mort* est écrit à partir de conférences que Śrīla Prabhupāda donna en 1966 sur les deuxième et huitième chapitres de la *Bhagavad-gītā*. Rédigé par son disciple Hayagrīva Dāsa (Howard Wheeler, M.A.), le livre fut publié en anglais pour la première fois en 1972.



Beyond Birth and Death (French)

bbt.se
bbt.org
bbtmedia.com
krishna.com

ISBN 978-91-7149-800-7

Imprimé en 2019 (ver20191000)

Vous pouvez vous procurer ce livre
en format numérique, gratuitement, à
bbtmedia.com
Code: **EB16FR63742P**

CHAPITRE 1

# Nous ne sommes pas le corps

*dehī nityam avadhyo 'yaṁ*
*dehe sarvasya bhārata*
*tasmāt sarvāṇi bhūtāni*
*na tvaṁ śocitum arhasi*

« L'âme qui habite le corps est éternelle et ne peut jamais être tuée, ô descendant de Bharata. Tu n'as donc à pleurer personne. » (*Bhagavad-gītā*, 2.30)

La toute première étape de la réalisation spirituelle consiste à percevoir notre identité propre comme distincte de celle du corps : « Je ne suis pas un corps de matière mais une âme spirituelle. » Voilà une prise de conscience essentielle pour quiconque veut transcender la mort et entrer dans le monde spirituel. Mais il ne suffit pas de dire « je ne suis pas le corps », il faut le réaliser profondément. Or, ce n'est pas aussi simple qu'il y paraît à première vue. Bien que nous ne soyons pas ce corps mais pure conscience, d'une façon ou d'une autre nous sommes devenus prisonniers d'une enveloppe physique. Si nous désirons vraiment connaître le bonheur et l'indépendance qui transcendent la mort, nous devons retrouver et assumer notre identité réelle, toute de pure conscience.

Lorsque l'on est animé d'une conception corporelle de l'existence, l'idée que l'on se fait du bonheur ressemble à celle d'un homme en proie au délire. Certains philosophes soutiennent que pour guérir ce délire dû à l'identification au corps, il faut s'abstenir de toute action. Du fait que les activités matérielles sont une source de souffrances, ils prétendent que l'on devrait purement et simplement cesser d'agir. Pour eux, la perfection culmine en une sorte de nirvana bouddhique, dans lequel aucune activité n'est accomplie. Toutefois, la *Bhagavad-gītā* nous apprend que le corps matériel n'est pas tout. Au-delà de cet amalgame d'éléments matériels, il y a l'esprit, et la manifestation de cet esprit est la conscience.

On ne peut nier le phénomène de la conscience. Un corps sans conscience est un corps mort. Dès que la conscience a quitté le corps, la bouche ne parle plus, l'œil ne voit plus et l'oreille n'entend plus. Même un enfant peut comprendre cela. Il est indéniable que la conscience est absolument nécessaire à la vie du corps. Et qu'est-ce que cette conscience? Eh bien, tout comme la chaleur ou la fumée sont des manifestations ou des symptômes du feu, la conscience est le symptôme de l'âme. Telle est la philosophie de la *Bhagavad-gītā* et la conclusion de toutes les Écritures védiques.

L'école impersonnaliste de Śaṅkarācārya et les *vaiṣṇavas* appartenant à la succession disciplique de Śrī Kṛṣṇa, reconnaissent l'existence factuelle de l'âme. Mais les philosophes bouddhistes ne reconnaissent pas l'existence de l'âme. Ils prétendent qu'à un certain stade la matière s'agence de manière à produire la conscience. On peut réfuter cet argument en disant que même si nous avions tous les composants matériels à notre disposition, nous ne pourrions produire la conscience. Même si tous les éléments matériels sont présents chez un homme mort, on ne peut pas pour autant raviver sa conscience. Nous ne sommes pas que des machines. Une pièce d'un mécanisme qui se brise peut être remplacée et la machine fonctionnera de nouveau, mais quand le corps a flanché et que la conscience l'abandonne, nous n'avons aucun moyen de remplacer la pièce défectueuse et de raviver la conscience. L'âme est différente du corps, et aussi longtemps qu'elle habite le corps, celui-ci est animé. En l'absence de l'âme il est impossible d'animer le corps.

Nous ne pouvons percevoir l'âme avec nos sens grossiers et c'est pourquoi souvent nous en refusons l'existence. Mais en fait, il y a beaucoup de choses que nous ne pouvons voir. Avec nos sens limités, nous ne pouvons voir ni l'air, ni les ondes radio, ni le son, ni une minuscule bactérie, mais cela ne signifie pas que toutes ces choses n'existent pas. Les microscopes et autres instruments nous permettent de voir beaucoup de choses dont nos sens imparfaits niaient auparavant l'existence. Il en va de même pour l'âme ; ce n'est pas parce qu'elle est de dimension atomique et qu'elle n'a été perçue ni par les sens ni par aucun instrument, que nous devons conclure qu'elle n'existe pas. Le fait est que l'on peut en percevoir les symptômes et les effets.

Śrī Kṛṣṇa est Dieu, la Personne Suprême, et Il nous fait remarquer dans la *Bhagavad-gītā* que toutes nos souffrances viennent de ce que l'on s'identifie au corps.

*mātrā-sparśās tu kaunteya*
*śītoṣṇa-sukha-duḥkha-dāḥ*
*āgamāpāyino 'nityās*
*tāṁs titikṣasva bhārata*

« Éphémères, joies et peines, comme étés et hivers, vont et viennent, ô fils de Kuntī. Elles procèdent de la perception des sens, ô descendant de Bharata. Il faut apprendre à les tolérer, sans en être affecté. » (*Bhagavad-gītā*, 2.14)

En été nous aimons bien le contact de l'eau, mais l'hiver venu, lorsqu'elle est froide, nous cherchons au contraire à l'éviter. L'eau demeure toujours la même, mais notre corps la trouve tantôt agréable, tantôt désagréable. Toutes les sensations de plaisir ou de souffrance sont dues au corps. Selon les circonstances, le corps et le mental ressentent du plaisir ou de la souffrance. Nous aspirons incontestablement au bonheur, car la condition naturelle de l'âme est d'être heureuse. L'âme est une parcelle de l'Être Suprême, Lequel est *sac-cid-ānanda-vigrahaḥ*, qui veut dire tout de connaissance et de félicité éternelle. Une goutte d'eau de l'océan possède toutes les propriétés de l'océan lui-même ; pareillement, bien que minuscules parcelles du Tout Suprême, nous avons la même nature que Lui, les mêmes tendances. Kṛṣṇa est Dieu, la Personne Suprême. Son nom signifie « le plus grand plaisir » : *kṛṣ* signifie « le plus grand» et *ṇa* veut dire « plaisir ». Kṛṣṇa incarne le plaisir suprême et en tant que parcelles infimes de Sa Personne, nous aspirons naturellement au plaisir.

L'âme, pourtant de dimension atomique, fait accomplir au corps toutes sortes de merveilles. Nous voyons dans le monde tant de villes, d'autoroutes, de ponts, de monuments, marques de grandes civilisations ; mais qui a fait tout cela ? C'est la minuscule étincelle spirituelle sise dans le corps. Or, si de telles merveilles peuvent être accomplies par cette infime étincelle d'esprit, on ne peut pas même imaginer ce que l'Esprit Suprême peut accomplir. Les aspirations naturelles de l'étincelle spirituelle infinitésimale reflètent les attributs du Tout – la connaissance, la félicité et l'éternité – mais le corps matériel fait obstacle à ces aspirations. La *Bhagavad-gītā* nous enseigne cependant le moyen de combler les désirs de l'âme.

Nous cherchons présentement à obtenir la connaissance, la félicité et l'éternité au moyen d'un instrument imparfait. De fait, notre progrès vers ces objectifs se trouve entravé par le corps matériel. Nous devons donc prendre conscience de notre existence au-delà du corps. Savoir en théorie seulement que nous ne sommes pas le corps ne suffit pas.

Le corps est constitué des sens et les sens sont toujours accaparés par leurs objets. Par exemple, les yeux voient une personne attirante et nous disent : « Oh, quelle belle fille ! Quel beau garçon ! Allons le rencontrer. » Les oreilles nous disent : « Oh, quelle jolie musique ! Allons l'écouter. » Et la langue : « Oh, voilà un bon restaurant ! Allons-y. » Ainsi les sens nous entraînent d'un endroit à l'autre, nous rendant perplexes.

*indriyāṇāṁ hi caratāṁ*
*yan mano 'nuvidhīyate*
*tad asya harati prajñāṁ*
*vāyur nāvam ivāmbhasi*

« Comme un vent violent balaye un bateau sur l'eau, il suffit qu'un seul des sens débridés capte l'attention du mental pour que l'intelligence soit emportée. » (*Bhagavad-gītā*, 2.67)

Il est impératif que nous apprenions à maîtriser nos sens. On appelle *gosvāmī* celui qui a appris à se rendre maître de ses sens. *Go* signifie « sens » et *svāmī* « celui qui maîtrise » ; ainsi celui qui parvient à maîtriser ses sens mérite le titre de *gosvāmī*. Kṛṣṇa enseigne que celui qui s'identifie au corps de matière ne peut recouvrer son identité propre d'âme spirituelle. Les plaisirs physiques sont parfois enivrants, mais de courte durée, et nous ne pouvons pas y trouver de plaisir véritable du fait même de leur nature éphémère. Le bonheur réel est celui de l'âme, non celui du corps. Nous devons orienter nos vies de manière à ne pas être distraits par les plaisirs corporels. Car si d'une façon ou d'une autre nous nous laissons distraire, il devient presque impossible de fixer notre conscience sur notre identité véritable, au-delà du corps.

*bhogaiśvarya-prasaktānāṁ*
*tayāpahṛta-cetasām*
*vyavasāyātmikā buddhiḥ*
*samādhau na vidhīyate*

*traiguṇya-viṣayā vedā*
*nistraiguṇyo bhavārjuna*
*nirdvandvo nitya-sattva-stho*
*niryoga-kṣema ātmavān*

> « La ferme résolution de servir le Seigneur Suprême avec amour et dévotion ne naît jamais dans l'esprit confus de ceux qui sont trop attachés aux plaisirs des sens et à l'opulence matérielle. Les Védas traitent essentiellement de sujets relatifs aux trois modes d'influence de la nature matérielle. Transcende ces trois *guṇas,* ô Arjuna, libère-toi de toute dualité, de tout souci de gain et de sécurité, et fixe ton attention sur le soi. » (*Bhagavad-gītā*, 2.44-45)

Le mot Véda signifie « livre de connaissances ». Il y a beaucoup de livres traitant du savoir et de la sagesse spirituelle, variant selon le pays, la population, le milieu, etc. En Inde, ce sont les Védas ; en Occident l'Ancien et le Nouveau Testament ; et les musulmans acceptent le Coran. Or, quel est l'objet de tous ces livres saints ? Ils doivent nous amener à comprendre notre nature d'âme pure. Ils visent à restreindre les activités du corps par certaines règles, celles-ci constituant souvent des règles de moralité. La Bible, par exemple, contient dix commandements destinés à régler nos vies. Nous devons discipliner nos corps de façon à pouvoir atteindre la plus haute perfection ; sans principes régulateurs il est impossible de parfaire nos vies. Les règles peuvent différer d'un pays à un autre, ou d'une Écriture sainte à une autre. Cela n'a pas vraiment d'importance car elles sont énoncées en fonction de l'époque, des circonstances et de la mentalité des gens. Le principe reste le même : obéir à des règles. Dans le même esprit, les gouvernements établissent des lois auxquelles doivent se soumettre les citoyens. C'est qu'il n'y a aucune possibilité de progrès dans une civilisation ou un régime dénué de toute loi. Dans le verset cité plus haut, Śrī Kṛṣṇa dit à Arjuna que les principes régulateurs des Védas ont pour but de dominer les trois influences de la nature matérielle : la vertu, la passion et l'ignorance (*traiguṇya-viṣayā vedāḥ*). Il lui conseille de s'établir au niveau de l'âme spirituelle pour ainsi retrouver sa condition naturelle, au-delà des dualités de la nature matérielle.

Ces dualités, tels le plaisir et la souffrance, la chaleur et le froid, naissent du contact des sens avec leurs objets. Elles sont issues de l'identification au corps. Kṛṣṇa dit dans la *Bhagavad-gītā* que ceux qui convoitent la jouissance matérielle et le pouvoir sont illusionnés par les chapitres des Védas qui promettent un bonheur céleste seulement en accomplissant des sacrifices et en menant une vie réglée. Aspirer au plaisir est naturel car c'est ce qui caractérise l'âme spirituelle ; mais nous voulons goûter au bonheur matériel et c'est là notre erreur.

Nous nous tournons tous vers des objets de plaisir matériel dans l'espoir d'y trouver notre bonheur. Nous accumulons autant de connaissances que possible : untel devient chimiste, un autre physicien, artiste, politicien, etc. Connaître un peu de tout et tout d'une matière, voilà ce qu'on qualifie généralement d'instruction. Mais dès que nous quittons notre corps, tout ce savoir est anéanti. Dans une vie précédente, il se peut que nous ayons été un grand érudit, mais dans cette vie, nous devons retourner à l'école et réapprendre à lire et à écrire. Tout le savoir acquis dans la vie précédente est oublié. Nous sommes en fait en quête d'un savoir éternel, mais ce savoir éternel ne peut être acquis par le corps matériel. Nous cherchons le bonheur par l'intermédiaire de notre corps, mais les plaisirs matériels ne font pas notre véritable bonheur. Tout cela est artificiel. Nous devons comprendre que si nous continuons à poursuivre ces jouissances artificielles, nous ne pourrons pas parvenir à notre condition éternelle de félicité.

Posséder un corps matériel doit être considéré comme une condition pathologique. Or, un malade ne peut jouir normalement de l'existence. Pour celui qu'affecte la jaunisse par exemple, le sucre aura un goût amer, alors qu'un homme en bonne santé appréciera sa vraie saveur. Dans un cas comme dans l'autre, le sucre demeure le même, mais selon notre état de santé, voilà qu'il change de goût. De même, à moins d'être guéri de notre conception corporelle de l'existence, nous ne pouvons apprécier la douce saveur de la vie spirituelle. En vérité elle nous semblera amère. Et en redoublant nos efforts pour jouir de la vie matérielle, nous ne faisons qu'aggraver notre état. Un malade atteint de typhoïde ne doit pas manger de nourriture solide, et si quelqu'un lui en donne pour lui faire plaisir, il aggrave sa maladie et met sa vie en danger. Si donc, nous voulons être véritablement délivrés des souffrances de l'existence matérielle, nous devons réduire les besoins et les plaisirs du corps. En fait, les plaisirs matériels ne sont nullement source de bonheur, car le vrai bonheur n'a pas de fin.

Nous trouvons dans le *Mahābhārata* un verset qui dit que les *yogīs* qui s'efforcent de s'élever au niveau spirituel connaissent la vraie félicité (*ramante*), une félicité sans fin (*anante*). Cela s'explique par le fait que leur bonheur se trouve lié à la source suprême de toute félicité Śrī Kṛṣṇa. Bhagavān Śrī Kṛṣṇa représente en effet la vraie source de toute joie, et la *Bhagavad-gītā* le confirme :

*bhoktāraṁ yajña-tapasāṁ*
*sarva-loka-maheśvaram*
*suhṛdaṁ sarva-bhūtānāṁ*
*jñātvā māṁ śāntim ṛcchati*

« Parce qu'il Me sait le bénéficiaire ultime de tous les sacrifices et de toutes les austérités, le souverain suprême de toutes les planètes et de tous les *devas*, l'ami et bienfaiteur de tous les êtres, l'être pleinement conscient de Ma personne échappe aux souffrances matérielles et connaît dès lors la paix. » (*Bhagavad-gītā* 5.29)

Nous pouvons connaître le plaisir si nous comprenons que nous sommes par nature destinés au plaisir de Dieu. Le bénéficiaire véritable de toutes joies est le Seigneur Suprême et nous sommes destinés à faire Son plaisir. Un exemple pourrait être donné avec la relation qui existe entre mari et femme : le mari incarnant le principe jouissant (*puruṣa*) et la femme celle dont il a jouissance (*prakṛti*). Le *puruṣa* est le sujet et la *prakṛti* est l'objet. Quand il y a un bonheur réel, on ne saurait dire que le mari est plus heureux que sa femme, ou que le bonheur de la femme est inférieur à celui de son époux. La joie est partagée à la fois par le mari et la femme. De la même façon notre joie ne peut devenir parfaite que lorsque nous contribuons à la félicité de Dieu. Bien que Kṛṣṇa soit le bénéficiaire et nous les objets de Son plaisir, ce plaisir est également partagé de part et d'autre.

Dieu S'est multiplié en d'innombrables émanations dont nous faisons partie. Dieu est unique et sans second, mais Il voulut Se multiplier afin d'accroître Son plaisir. Dieu S'est fait multiple pour Son plaisir et nous nous trouvons être les objets de ce plaisir. Là résident notre nature originelle et le but même pour lequel nous avons été créés.

Il est impossible de trouver indépendamment le bonheur sur le plan physique. La jouissance matérielle au niveau du corps se trouve d'ailleurs réprouvée tout au long de la *Bhagavad-gītā* :

*mātrā-sparśās tu kaunteya*
*śītoṣṇa-sukha-duḥkha-dāḥ*
*āgamāpāyino 'nityās*
*tāṁs titikṣasva bhārata*

« Éphémères, joies et peines, comme étés et hivers, vont et viennent, ô fils de Kuntī. Elles procèdent de la perception des sens, ô descendant de Bharata. Il faut apprendre à les tolérer, sans en être affecté. » (*Bhagavad-gītā* 2.14)

Le corps matériel grossier provient de l'interaction des influences de la nature matérielle et il est voué à la destruction :

*antavanta ime dehā*
*nityasyoktāḥ śarīriṇaḥ*
*anāśino 'prameyasya*
*tasmād yudhyasva bhārata*

« Le corps matériel de l'âme indestructible, éternelle et sans mesure, est voué à une fin certaine. Fort de ce savoir, combats, ô descendant de Bharata. » (*Bhagavad-gītā* 2.18)

Śrī Kṛṣṇa nous encourage à transcender la conception corporelle de l'existence pour nous élever au niveau de notre véritable nature spirituelle :

*guṇān etān atītya trīn*
*dehī deha-samudbhavān*
*janma-mṛtyu-jarā-duḥkhair*
*vimukto 'mṛtam aśnute*

« Quand l'être incarné parvient à transcender l'influence que les trois *guṇas* exercent sur son corps, il s'affranchit de la naissance, de la mort, de la vieillesse, et des souffrances qu'elles génèrent. Il savoure, en cette vie même, le nectar spirituel. » (*Bhagavad-gītā* 14.20)

Pour nous établir au niveau purement spirituel, celui du *brahma-bhūta,* au-delà des trois *guṇas,* nous devons adopter la méthode de la conscience de Kṛṣṇa. Or, le bien précieux que nous a légué Caitanya Mahāprabhu, à savoir le chant des noms de Kṛṣṇa – Hare Kṛṣṇa, Hare Kṛṣṇa, Kṛṣṇa Kṛṣṇa, Hare Hare / Hare Rāma, Hare Rāma, Rāma Rāma, Hare Hare– facilite ce processus. C'est ce que l'on appelle la voie du *bhakti-yoga,* ou *mantra-yoga,* celle que suivent les plus grands transcendantalistes. La manière dont les spiritualistes réalisent leur identité par-delà la naissance et la mort, au-delà du corps matériel, et s'élèvent de l'univers matériel jusqu'au monde spirituel, fera l'objet des chapitres suivants.

## CHAPITRE 2

# La perfection après la mort

On compte différentes sortes de spiritualistes, ou de *yogīs* – les *haṭha-yogīs*, les *jñāna-yogīs*, les *dhyāna-yogīs* et les *bhakti-yogīs* – qui sont tous susceptibles d'être élevés jusqu'au monde spirituel. Le mot yoga signifie unir, joindre, et les différentes formes de yoga se proposent de nous aider à rejoindre le monde spirituel. Comme cela a été mentionné dans le chapitre précédent, nous sommes tous, à l'origine, unis au Seigneur Suprême, mais nous voilà à présent sous l'influence de la matière. Il s'agit donc pour nous de réintégrer le monde spirituel et le processus permettant cette jonction a pour nom yoga.

C'est à l'heure de la mort que nous devons mettre la touche finale à ce processus de perfectionnement. Tout au long de notre vie, nous devons nous efforcer d'atteindre la perfection de façon à ce qu'au moment de la mort, lorsque nous devrons abandonner notre enveloppe matérielle, cette perfection puisse être réalisée.

*prayāṇa-kāle manasā 'calena*
*bhaktyā yukto yoga-balena caiva*
*bhruvor madhye prāṇam āveśya samyak*
*sa taṁ paraṁ puruṣam upaiti divyam*

« Celui qui, à l'instant de la mort, fixe son air vital entre les sourcils et qui, fort d'un mental inflexible

> s'absorbe par la puissance du yoga dans le souvenir de Dieu, la Personne Suprême, avec une dévotion absolue, parvient à L'atteindre. » (*Bhagavad-gītā*, 8.10)

Tout comme un élève étudie une matière durant quatre ou cinq ans, à la suite de quoi il passe un examen et reçoit un diplôme, si durant notre vie nous nous préparons pour l'examen final, et si nous réussissons, nous pourrons aller au monde spirituel.

*yaṁ yaṁ vāpi smaran bhāvaṁ*
*tyajaty ante kalevaram*
*taṁ tam evaiti kaunteya*
*sadā tad-bhāva-bhāvitaḥ*

> « Ô fils de Kunti, l'état de conscience dont on conserve le souvenir à l'instant de quitter le corps détermine la condition d'existence future. » (*Bhagavad-gītā*, 8.6)

Il est un proverbe bengali qui dit que tous les efforts accomplis en vue d'atteindre la perfection sont évalués au moment de la mort. Dans la *Bhagavad-gītā,* Kṛṣṇa explique ce que l'on doit faire à l'instant de quitter le corps. Pour celui qui pratique la méditation (le *dhyāna-yoga*) Śrī Kṛṣṇa énonce le verset suivant :

*yad akṣaraṁ veda-vido vadanti*
*viśanti yad yatayo vīta-rāgāḥ*
*yad icchanto brahmacaryaṁ caranti*
*tat te padaṁ saṅgraheṇa pravakṣye*

*sarva-dvārāṇi saṁyamya*
*mano hṛdi nirudhya ca*

*mūrdhny ādhāyātmanaḥ prāṇam*
*āsthito yoga-dhāraṇām*

« Les grands sages ayant embrassé l'ordre du renoncement, qui sont versés dans les Védas et prononcent l'*oṁkāra,* pénètrent dans le Brahman. Pour atteindre cette perfection ils doivent vivre dans la continence. Je vais maintenant t'enseigner le procédé qui permet d'obtenir le salut. Le yoga implique le détachement de toute activité sensorielle. On se fixe dans le yoga en fermant les portes des sens, en concentrant le mental sur le cœur et en maintenant l'air vital au sommet de la tête. » (*Bhagavad-gītā,* 8.11-12)

Dans la pratique du yoga, ce procédé est appelé *pratyāhāra,* ce qui signifie « juste l'opposé ». Ainsi, bien qu'au cours de l'existence les yeux soient occupés à contempler la beauté du monde, lorsque vient la mort, il nous faut détacher les sens de leurs objets et tourner notre regard vers la beauté intérieure. Les oreilles, de même, sont accoutumées à percevoir d'innombrables sons matériels, mais au moment de la mort on doit entendre la vibration spirituelle de l'*oṁkāra* à l'intérieur de soi.

*oṁ ity ekākṣaraṁ brahma*
*vyāharan mām anusmaran*
*yaḥ prayāti tyajan dehaṁ*
*sa yāti paramāṁ gatim*

« En pratiquant ainsi le yoga et en prononçant la syllabe sacrée *oṁ,* suprême combinaison de lettres, celui qui à l'instant de quitter le corps pense à Moi, Dieu, la Personne Suprême, atteint les planètes spirituelles. » (*Bhagavad-gītā,* 8.13)

Tous les sens doivent donc être détournés de leur activité externe et concentrés sur la forme de Dieu. Nous savons le mental très turbulent, mais il doit être fixé sur le Seigneur, en notre cœur.

Dans l'univers matériel il y a d'innombrables planètes, et au-delà de cet univers s'étend le monde spirituel. Plusieurs *yogīs* possèdent des informations sur ces lieux grâce aux Textes védiques. Le *yogī* tire sa connaissance de toutes les descriptions qu'ils contiennent et il a la possibilité de se rendre sur la planète de son choix sans avoir à utiliser un vaisseau spatial. L'élévation à d'autres planètes ne dépend pas de moyens mécaniques. Peut-être quelques hommes parviendront-ils, avec beaucoup de temps, d'efforts et d'argent, à atteindre d'autres planètes par des moyens matériels, mais il s'agit là de méthodes peu commodes, pour ne pas dire impraticables. De toute façon il n'est pas possible de franchir les limites de l'univers matériel par des moyens mécaniques. Si quelqu'un tente de se rendre sur une planète supérieure à l'aide de moyens mécaniques, il va à une mort certaine et instantanée, car le corps humain ne peut supporter un changement radical d'atmosphère. Nous en avons la démonstration sur la terre même, où il ne nous est pas possible de vivre dans la mer, non plus d'ailleurs qu'il n'est possible aux animaux aquatiques de vivre sur la terre ferme. Or, si même sur cette planète nous devons avoir un type de corps particulier pour pouvoir vivre en un lieu déterminé, combien plus nous faudra-t-il un corps adapté pour vivre sur d'autres planètes.

La méthode généralement employée pour s'élever aux planètes supérieures est celle du yoga de la méditation, ou du *jñāna*. Dans les sphères supérieures, les corps jouissent d'une durée de vie plus longue que sur terre puisque six mois terrestres équivalent à un jour. Ainsi que l'expliquent les Védas, les habitants des planètes supérieures vivent plus de dix mille de nos années. Mais même eux, qui vivent si longtemps, doivent affronter la mort. Vivrait-on vingt mille, cinquante mille ou même des millions d'années dans le monde matériel, les années sont toutes comptées et la mort y est inéluctable.

Mais le *bhakti-yoga*, lui, n'est pas utilisé en vue d'atteindre une planète matérielle ; en effet, les serviteurs de Kṛṣṇa, Dieu la Personne Suprême, ne s'intéressent à aucune planète de l'univers matériel car ils savent que partout en ce monde ils retrouveraient la naissance, la maladie, la vieillesse et la mort. Sur les planètes supérieures, la durée de la vie peut être plus longue que sur la terre, mais la mort s'y trouve néanmoins présente. Par univers matériel, on entend l'ensemble des planètes où règnent naissance, maladie, vieillesse et mort. Et par monde spirituel, on désigne les planètes où il n'y a ni naissance, ni maladie, ni vieillesse, ni mort. Ainsi, les hommes intelligents ne cherchent à atteindre aucune des planètes de l'univers matériel.

*na jāyate mriyate vā kadācin*
*nāyaṁ bhūtvā bhavitā vā na bhūyaḥ*
*ajo nityaḥ śāśvato 'yaṁ purāṇo*
*na hanyate hanyamāne śarīre*

« Jamais l'âme ne naît ni ne meurt. Elle n'eut jamais de commencement et n'en aura jamais. Non née, éternelle, immortelle et primordiale, elle ne périt pas avec le corps. » (*Bhagavad-gītā*, 2.20)

Nous sommes des âmes spirituelles, et sommes donc éternels. Pourquoi alors sommes-nous soumis à la naissance et à la mort ? Celui qui se pose cette question doit être tenu pour intelligent. Les hommes conscients de Kṛṣṇa font preuve d'une grande intelligence, car ils ne cherchent pas à gagner une planète où règne la mort. *Īśvaraḥ paramaḥ kṛṣṇaḥ sac-cid-ānanda-vigrahaḥ : sat* veut dire éternel, *cit* plein de connaissance, et *ānanda* plein de félicité. Kṛṣṇa représente le réservoir de tous les plaisirs. Si nous retournons dans le monde spirituel, que ce soit sur la planète de Kṛṣṇa ou sur toute autre planète spirituelle, nous obtiendrons un corps *sac-cid-ānanda*, comparable à celui de Dieu. Ainsi, dans la Conscience de Kṛṣṇa nous poursuivons un but différent de celui que visent les personnes essayant d'accéder aux planètes supérieures de ce monde matériel.

Le moi, l'âme individuelle, est une minuscule étincelle spirituelle. La perfection du yoga consiste à élever cette étincelle jusqu'au sommet du crâne. À ce point, le *yogī* peut se rendre sur toute planète de l'univers matériel, selon son désir. Ainsi, si le *yogī* désire connaître la lune, il peut s'y transférer. Ou si c'est à d'autres planètes supérieures qu'il s'intéresse, il peut tout aussi bien s'y rendre. Tout comme un simple voyageur va à New York ou Paris ou en quelque autre endroit du globe. Quel que soit le lieu où l'on se rende sur terre, on trouve les mêmes procédures de douane et de visa, et de même, sur toutes les planètes matérielles, sans exception, on peut voir agir les principes de la naissance, de la maladie, de la vieillesse et de la mort.

*Oṁ ity ekākṣaraṁ brahma* : sur le point de mourir, le *yogī* peut prononcer le *oṁ*, l'*oṁkāra*, qui représente la forme concise du son transcendantal. Si le *yogī* peut émettre ce son et en même temps se rappeler Kṛṣṇa ou Viṣṇu (*mām anusmaran*) il atteint le but suprême. Car la pratique du yoga doit permettre de concentrer le mental sur Viṣṇu. Les impersonnalistes imaginent une forme du Seigneur Suprême, mais pour les personnalistes, il ne s'agit pas d'imagination : ils voient réellement le Seigneur. Quoi qu'il en soit, qu'on l'imagine ou qu'on la voit réellement, il faut concentrer notre esprit sur la forme personnelle de Kṛṣṇa.

*ananya-cetāḥ satataṁ*
*yo māṁ smarati nityaśaḥ*

*tasyāhaṁ sulabhaḥ pārtha*
*nitya-yuktasya yoginaḥ*

« Parce qu'il est constamment absorbé dans le service de dévotion, celui qui toujours se souvient de Moi sans jamais dévier M'atteint sans peine. » (*Bhagavad-gītā*, 8.14)

Ceux qui se satisfont d'une existence temporaire, d'un bonheur fugitif et de biens éphémères ne doivent pas être considérés comme intelligents, du moins selon la *Bhagavad-gītā*, qui déclare que seul un être à l'intelligence réduite montre de l'intérêt pour les choses temporaires. Nous sommes éternels, pourquoi devrions-nous nous intéresser à l'éphémère ? Personne ne veut d'une situation impermanente. Si nous vivons dans un appartement et que le propriétaire nous demande de déménager, cela nous dérange. C'est notre nature que de vouloir une résidence permanente. De même, nous ne souhaitons pas mourir, car en réalité nous sommes éternels. Nous ne voulons pas non plus tomber malade ni vieillir. Mais si nous parvenons à nous dégager de notre enveloppe charnelle, pour atteindre une planète spirituelle, nous pourrons automatiquement échapper aux souffrances du monde matériel.

Aux impersonnalistes, Kṛṣṇa conseille de prononcer la syllabe *oṁ* pour se libérer du corps éphémère. De cette façon ils peuvent être assurés d'accéder au monde spirituel. Cependant, bien qu'ils puissent ainsi entrer dans le monde spirituel, ils ne peuvent atteindre aucune de ses planètes ; ils restent à l'extérieur, dans le *brahmajyoti*. Le *brahmajyoti* peut être comparé à la lumière du soleil, et les planètes spirituelles au soleil lui-même. Dans le monde spirituel, les impersonnalistes demeurent dans le rayonnement émanant du Seigneur Suprême, dans le *brahmajyoti*. Ils sont ainsi admis dans le monde spirituel sous forme d'étincelles spirituelles : c'est ce qu'on appelle se fondre dans l'existence spirituelle. Le *brahmajyoti* se compose d'une multitude de telles étincelles. Mais il ne faut pas croire qu'en se fondant dans le *brahmajyoti* on devienne un avec lui ; l'étincelle spirituelle conserve son individualité, mais parce que l'impersonnaliste ne veut pas d'une forme personnelle il reste une étincelle spirituelle dans ce rayonnement. Tout comme la lumière du soleil se compose d'une infinité de particules atomiques, le *brahmajyoti* se compose d'une infinité d'étincelles spirituelles.

Toutefois, en tant qu'être vivants, nous convoitons le bonheur. Exister en soi ne suffit pas. Nous voulons la félicité (*ānanda*) en plus du fait d'exister (*sad*), l'être vivant a trois attributs : l'éternité, la connaissance et la félicité. Ceux qui entrent de façon impersonnelle dans le *brahmajyoti* peuvent y demeurer un certain temps, en pleine connaissance de ce qu'ils sont maintenant unis au Brahman de manière homogène, mais ils n'ont pas accès à la félicité éternelle (*ānanda*). On peut certes rester seul dans une pièce pendant quelque temps, mais il n'est pas possible de demeurer seul dans cette pièce pendant des années, que dire de l'éternité. Ainsi, celui qui se fond de manière impersonnelle dans l'existence de l'Absolu, a toutes les chances de retomber dans le monde matériel, faute de compagnie. C'est là le jugement du *Śrīmad-Bhāgavatam.*

Des astronautes peuvent parcourir des milliers et des milliers de kilomètres, mais s'ils ne trouvent pas à se poser sur une planète, ils doivent revenir sur terre. Dans tous les cas, il faut trouver une base sur laquelle s'établir, et dans la réalisation impersonnelle, cette base ne comble pas tous les besoins de l'âme. C'est pourquoi le *Śrīmad-Bhāgavatam* déclare que même si l'impersonnaliste déploie maints efforts pour entrer dans le monde spirituel et y obtenir une forme impersonnelle, il devra retourner dans l'univers matériel pour avoir négligé de servir le Seigneur Suprême avec amour et dévotion. Aussi longtemps que nous sommes ici sur terre, nous devons apprendre à servir et à aimer Kṛṣṇa, le Seigneur Souverain. Forts de cet apprentissage, nous pourrons alors accéder aux planètes spirituelles. La position de l'impersonnaliste dans le monde spirituel est donc temporaire, car pour combattre la solitude, il cherchera à créer des liens, mais parce qu'il refuse le contact personnel du Seigneur Suprême, il devra retourner à nouveau dans le monde matériel pour se lier à des êtres conditionnés.

Il est donc d'une importance capitale que nous saisissions notre nature profonde, la nature de l'âme qui aspire à l'éternité, à la connaissance et au plaisir. Livrés à nous-mêmes pendant longtemps dans le *brahmajyoti* impersonnel, nous ne pouvons avoir de plaisir, et par conséquent nous acceptons les plaisirs offerts par le monde matériel. Mais dans la Conscience de Kṛṣṇa, nous pouvons jouir du vrai bonheur. Dans l'univers matériel, le plaisir sexuel est reconnu comme la plus haute forme de satisfaction. Or il s'agit là d'une forme dénaturée, d'un reflet du plaisir tel qu'il existe dans le monde spirituel, c'est-à-dire le plaisir de la communion avec Kṛṣṇa. Nous ne devons pas penser que ce plaisir-là est comparable aux voluptés charnelles de l'univers matériel, il en diffère totalement.

La vie réelle se trouve avec Kṛṣṇa, de qui procèdent tous les plaisirs. Nous devons donc nous entraîner dès maintenant, de façon à ce qu'au moment de la mort nous soyons à même de nous rendre dans le monde spirituel, à Kṛṣṇaloka, pour y vivre avec Kṛṣṇa. Kṛṣṇa possède plusieurs noms et est aussi appelé Govinda. La *Brahma-saṁhitā* décrit en ces termes Śrī Kṛṣṇa-Govinda et Sa demeure :

*cintāmaṇi-prakara-sadmasu kalpa-vṛkṣa-*
*lakṣāvṛteṣu surabhīr abhipālayantam*
*lakṣmī-sahasra-śata-sambhrama-sevyamānaṁ*
*govindam ādi-puruṣaṁ tam ahaṁ bhajāmi*

« J'adore Govinda, le Seigneur originel, le premier des ancêtres. Il garde les vaches et comble tous les désirs ; Ses palais sont bâtis de joyaux spirituels et entourés de millions d'arbres-à-souhaits. Des déesses en nombre infini Le servent à jamais avec une grande vénération et la plus profonde affection. » (*Brahma-saṁhitā* 5.29)

Ceci est une description de Kṛṣṇaloka. Les maisons y sont faites de pierres philosophales – tout ce qui touche la pierre philosophale se transforme immédiatement en or. Les arbres y ont le pouvoir de satisfaire tous les désirs, d'où leur nom d'arbres-à-souhaits. Ici-bas, les manguiers donnent des mangues et les pommiers des pommes, mais là-haut, chaque arbre peut donner tout ce qu'on désire. De même, les vaches sont appelées *surabhis* car elles donnent du lait en quantité inépuisable. Voilà comment les Écritures védiques dépeignent les planètes spirituelles.

Dans l'univers matériel, nous nous sommes habitués à la naissance et à la mort, ainsi qu'à toutes sortes de souffrances. Les hommes de science ont découvert de nouvelles possibilités de jouir du plaisir des sens et de nouveaux moyens de destruction, mais ils n'ont trouvé aucune solution aux problèmes de la vieillesse, de la maladie et de la mort. Ils ne peuvent fabriquer une machine qui mettrait fin à la vieillesse, à la maladie et à la mort. Nous pouvons bien inventer un moyen pour retarder la mort, mais rien qui puisse l'arrêter. Cependant, les hommes intelligents ne se préoccupent pas des problèmes inhérents à l'existence matérielle, mais cherchent plutôt à atteindre les planètes spirituelles. L'être baignant dans une extase continue (*nitya-yuktasya yoginaḥ*) ne détourne son attention vers aucun autre objet. Il perpétue son extase transcendantale en emplissant toujours son esprit de pensées liées à Kṛṣṇa sans déviation aucune (*ananya-cetāḥ satatam*). Le mot *satatam* signifie qu'il en est ainsi en tout temps et en tout lieu.

Être conscient de Kṛṣṇa signifie que l'on vit constamment auprès de Kṛṣṇa. Par exemple, en Inde je vivais à Vṛndāvana – la ville où Kṛṣṇa en personne descendit quand Il vint sur terre – et maintenant me voilà en Amérique : mais cela ne veut pas dire que je sois séparé de Vṛndāvana, car si je pense toujours à Kṛṣṇa, je ne quitte pas un instant Vṛndāvana – toute considération matérielle mise à part. *Smarati nityaśaḥ tasyāhaṁ sulabhaḥ*. Les mots *smarati nityaśaḥ* signifient se rappeler constamment, et pour quiconque se rappelle Kṛṣṇa, le Seigneur devient *tasyāhaṁ sulabhaḥ*, facilement accessible. Kṛṣṇa Lui-même déclare qu'Il est facilement obtenu par cette méthode, celle du *bhakti-yoga*. Pourquoi, dès lors, adopter une autre méthode ? On peut chanter ou réciter « Hare Kṛṣṇa, Hare Kṛṣṇa, Kṛṣṇa Kṛṣṇa, Hare Hare / Hare Rāma, Hare Rāma, Rāma Rāma, Hare Hare » vingt-quatre heures sur vingt-quatre. Il n'y a ni règle ni loi pour cela. On peut chanter dans la rue, dans le métro, chez soi ou au bureau. Cette pratique n'implique ni impôt, ni dépense. Alors, pourquoi ne pas l'adopter ?

CHAPITRE 3

# Quitter les planètes matérielles

Les *jñānīs* et les *yogīs* sont généralement des impersonnalistes, et même s'ils accèdent à une forme de libération temporaire en se fondant dans le rayonnement impersonnel, dans « l'atmosphère spirituelle », le *Śrīmad-Bhāgavatam* ne considère pas leur connaissance comme pure. Par des pénitences, l'ascèse et la méditation, ils peuvent s'élever au niveau du Suprême et de l'Absolu, mais comme nous l'avons déjà expliqué, ils devront choir à nouveau dans l'univers matériel du fait qu'ils n'ont pas considéré avec sérieux les attributs personnels de Kṛṣṇa. En effet, à moins d'adorer les pieds pareils-au-lotus de Kṛṣṇa, on doit inévitablement retomber sur le plan matériel. L'idéal consiste à dire : « Ô Seigneur, je suis Ton serviteur éternel. Laisse-moi je T'en prie, Te servir d'une manière ou d'une autre. » On qualifie Kṛṣṇa d'*ajitaḥ*, « Celui que nul ne peut conquérir », car personne ne peut vaincre Dieu. Mais selon le *Śrīmad-Bhāgavatam,* quiconque désire servir le Seigneur Le conquiert aisément. Le même texte recommande également de renoncer à toute tentative futile de mesurer l'Absolu. Nous ne pouvons même pas déterminer les limites de l'espace, que dire dès lors de l'Absolu.

Notre infime connaissance ne nous permet pas d'évaluer la grandeur de Dieu, la Personne Suprême ; celui qui arrive à cette conclusion est considéré comme intelligent par les Écritures védiques. Il faut plutôt parvenir à comprendre, avec soumission, que l'être vivant ne représente en définitive, qu'un élément très insignifiant de l'univers. Renonçant à toute tentative de saisir l'Absolu par une connaissance limitée ou par le biais de la spéculation intellectuelle, nous devons faire preuve de soumission et écouter les enseignements ayant trait au Suprême en les recevant d'une source autorisée, telle la *Bhagavad-gītā* ou d'une âme réalisée.

Dans la *Bhagavad-gītā,* c'est Śrī Kṛṣṇa, Dieu Lui-même, qui instruit Arjuna. Et Arjuna établit de cette manière la façon dont il faut procéder pour saisir l'Absolu, c'est-à-dire par une écoute soumise. Il nous appartient donc à notre tour d'entendre la *Bhagavad-gītā* des lèvres d'Arjuna ou de son représentant authentique, le maître spirituel. Puis après l'écoute il s'avère nécessaire de mettre quotidiennement en pratique le savoir acquis. « Mon cher Seigneur, nul ne peut Te mettre sous sa domination, prient les dévots, mais par ce procédé de l'écoute, Te voilà conquis. » Dieu est invincible, mais Il se laisse conquérir par les dévots qui renoncent à la spéculation intellectuelle pour prêter l'oreille aux enseignements de sources autorisées.

Selon la *Brahma-saṁhitā,* il existe deux voies permettant d'acquérir la connaissance : celle dite « ascendante » et celle dite « descendante ». La méthode ascendante consiste à s'élever grâce à la connaissance acquise par soi-même. Celui qui emprunte cette voie pense : « Peu importe les maîtres ou les livres. Je vais acquérir le savoir par moi-même, par la méditation, la philosophie, etc. Ainsi vais-je comprendre Dieu. » L'autre méthode, la voie descendante, fait appel aux enseignements d'autorités spirituelles. Or, la *Brahma-saṁhitā* stipule que celui qui emprunte la voie ascendante, voyagerait-il à la vitesse du mental ou du vent pendant des millions d'années, restera toujours sans savoir. Pour lui, le sujet demeurera vague et inconcevable. Pourtant, ce sujet se trouve clairement expliqué dans la *Bhagavad-gītā : ananya-cetāḥ*. Kṛṣṇa nous enjoint de toujours penser à Lui sans dévier de la voie du service de dévotion et en toute soumission. Pour quiconque L'adore de cette manière, *tasyāhaṁ sulabhaḥ*, « Je suis facilement accessible ». Voilà comment il faut procéder. Si quelqu'un travaille pour Kṛṣṇa vingt-quatre heures par jour, Kṛṣṇa ne peut l'oublier. En s'abandonnant à Lui, on attire Son attention. Mon *guru-mahārāja* Bhaktisiddhānta Sarasvatī aimait à dire : « N'essayez pas de voir Dieu. Croyez-vous que Dieu doit venir Se tenir devant nous comme un serviteur, simplement parce que nous voulons Le voir ? Ce n'est pas là la voie de l'abandon. Nous devons plutôt L'obliger par notre amour et notre dévotion. »

La juste méthode pour approcher Kṛṣṇa a été donnée à l'humanité par Śrī Caitanya Mahāprabhu. Son premier disciple, Rūpa Gosvāmī, sut apprécier Son enseignement. Rūpa Gosvāmī occupait un poste de ministre au sein du gouvernement musulman, mais il démissionna pour se faire disciple de Caitanya Mahāprabhu. Quand il rencontra Mahāprabhu pour la première fois, il s'approcha de lui en récitant le verset suivant :

*namo mahā-vadānyāya*
*kṛṣṇa-prema-pradāya te*
*kṛṣṇāya kṛṣṇa-caitanya-*
*nāmne gaura-tviṣe namaḥ*

> « Je rends mon hommage respectueux à Śrī Caitanya, lequel est plus magnanime qu'aucun autre *avatāra*, plus que Kṛṣṇa Lui-même, puisqu'il offrit par grâce ce que nul n'avait jamais offert avant lui : le pur amour de Kṛṣṇa. » (*Śrī Caitanya-caritāmṛta, Madhya* 19.53)

Ainsi Rūpa Gosvāmī glorifie-t-il Caitanya Mahāprabhu comme la personne la plus munificente, la plus charitable, pour avoir offert si gracieusement le plus précieux de tous les biens : l'amour de Dieu. Nous voulons tous Kṛṣṇa et toutes nos aspirations vont vers Lui. Car Kṛṣṇa est le plus attirant, le plus beau, le plus riche, le plus puissant et le plus érudit de tous les êtres. Et tels sont bien les objets de nos aspirations. Nous recherchons la beauté, la puissance, l'érudition, la prospérité. Or, Kṛṣṇa représente le réservoir de tous ces dons. En sorte que nous n'avons qu'à diriger notre attention vers Lui pour obtenir toutes choses, tout ce que nous pouvons désirer. Quel que soit le désir de notre cœur, il sera comblé par cette voie de la conscience de Kṛṣṇa.

Pour celui qui meurt en pleine conscience de Kṛṣṇa, ainsi que nous l'avons vu auparavant, l'accès à Kṛṣṇaloka, la demeure suprême de Kṛṣṇa, est assuré. On peut maintenant se demander quel avantage il y a à se rendre sur cette planète, et Kṛṣṇa répond Lui-même à cette question :

*mām upetya punar janma*
*duḥkhālayam aśāśvatam*
*nāpnuvanti mahātmānaḥ*
*saṁsiddhiṁ paramāṁ gatāḥ*

« Quand ces grandes âmes, les bhakti-yogīs, M'ont atteint, jamais plus elles ne reviennent en ce monde transitoire où règne la souffrance, car elles sont parvenues à la plus haute perfection. » (*Bhagavad-gītā*, 8.15)

Śrī Kṛṣṇa, le créateur, nous assure que l'univers matériel est *duḥkhālayam*, constellé de souffrances. Comment pourrions-nous donc le rendre confortable ? Est-il en effet possible d'y parvenir grâce aux prétendus progrès de la science ? Non, absolument pas. Quelles sont ces souffrances ? Ce sont, telles que mentionnées auparavant, la naissance, la maladie, la vieillesse et la mort. Mais incapables que nous sommes d'y remédier, nous tentons de les ignorer. La science n'a nullement le pouvoir de nous débarrasser de ces souffrances qui nous accablent sans cesse. Au lieu de cela, elle nous distrait en nous entraînant dans la construction de vaisseaux spatiaux ou de bombes atomiques. Cependant, la *Bhagavad-gītā* nous fournit, elle, la solution à ces problèmes : si quelqu'un atteint le niveau où se trouve Śrī Kṛṣṇa, Dieu la Personne Suprême, il n'a plus à revenir sur cette terre de naissances et de morts. Nous devons nous efforcer de comprendre que le monde matériel baigne dans la souffrance. Pour comprendre cela il faut avoir atteint un certain niveau de conscience. Les chats, les chiens, les porcs, par exemple, ne peuvent pas comprendre que ce monde baigne dans la souffrance. On qualifie l'homme d'animal doué de raison, mais voilà qu'il use de sa raison pour servir ses tendances animales plutôt que de chercher à se libérer de sa condition misérable. Or, Kṛṣṇa établit clairement ici que quiconque vient à Lui n'aura plus jamais à renaître pour subir à nouveau ces maux. Les grandes âmes qui Le rejoignent ont atteint la plus haute perfection de l'existence, celle qui arrache l'être vivant aux souffrances de l'existence conditionnée.

L'un des traits qui distingue Śrī Kṛṣṇa d'un être ordinaire tient à ce qu'un être ordinaire ne peut se trouver qu'en un seul endroit à la fois, alors que Kṛṣṇa peut être partout dans l'univers au même moment, tout en vivant en même temps dans Sa propre demeure. La demeure de Kṛṣṇa dans le monde spirituel s'appelle Goloka Vṛndāvana. La ville de Vṛndāvana que l'on trouve en Inde est ce même lieu « descendu » ou manifesté sur terre. Lorsque Kṛṣṇa en Personne descend de Son royaume, de par Sa propre puissance interne, Son *dhāma*, ou Sa demeure, L'accompagne. En d'autres termes, quand Kṛṣṇa vient sur terre, c'est dans la ville de Vṛndāvana en Inde qu'Il Se manifeste ; mais Sa demeure Goloka Vṛndāvana reste éternellement présente dans la sphère transcendantale, dans le monde spirituel. Dans le verset que nous avons cité, Śrī Kṛṣṇa déclare que celui qui atteint Sa demeure dans le monde spirituel, n'aura plus jamais à renaître dans le monde matériel. On désigne une telle personne du nom de *mahātmā*, ou grande âme. Ce nom est généralement lié en Occident à la personne de Mahatma Gandhi, mais normalement le titre de *mahātmā* n'est pas décerné à un politicien. On l'attribue plutôt à un homme parvenu à un très haut niveau de conscience spirituelle, et qui peut retourner dans la demeure de Kṛṣṇa, Dieu la Personne Suprême. La perfection du *mahātmā* consiste à utiliser la forme humaine et les ressources de la nature pour s'extraire du cycle des morts et des renaissances.

Une personne intelligente sait qu'elle ne veut pas souffrir mais comprend que toutes sortes de souffrances l'accablent néanmoins, contre son gré. Comme nous l'avons vu précédemment, nous vivons constamment dans une condition pénible, due au mental ou au corps, à la nature ou aux autres êtres vivants. Ainsi sommes-nous sans fin accablés par divers maux. L'univers matériel est un lieu de souffrance, mais, si ce n'était à cause de la souffrance, comment viendrions-nous à la conscience de Kṛṣṇa ? Les maux de ce monde sont en vérité destinés à nous stimuler et nous aider à progresser vers un autre monde, le monde spirituel, jusqu'à la conscience de Kṛṣṇa. L'homme intelligent se demande pourquoi ces maux lui sont infligés de force. Malheureusement la civilisation moderne l'incite plutôt à dire : « Laissez-moi souffrir. Laissez-moi seulement noyer ma souffrance dans quelque enivrement. » Mais dès que l'ivresse a pris fin, voilà que les problèmes reviennent. Il n'est pas possible de trouver une solution aux maux de l'existence par des euphories artificielles. La conscience de Kṛṣṇa seule apporte la solution.

Śrī Śrīmad A.C. Bhaktivedanta Swami Prabhupāda
Acharya-fondateur de l'International Society for Krishna Consciousness

Caitanya Mahāprabhu et ses compagnons chantent les saints noms du Seigneur. De gauche à droite : Śrī Advaita, Śrī Nityānanda, Śrī Caitanya Mahāprabhu, Śrī Gadhādara et Śrī Śrīvāsa prabhu.

«Je ne suis pas un corps de matière mais une âme spirituelle.»
L'âme est éternelle, seul le corps matériel qu'elle emprunte est voué à une fin certaine. (Page 1)

Kṛṣṇa avec Ses amis dans le monde spirituel. (Page 21)

Śrī Kṛṣṇa, Dieu Lui-même, énonce la *Bhagavad-gītā* à Son ami Arjuna. (Page 24)

On ne peut mesurer l'étendue de l'univers matériel. Mais au-delà de l'univers matériel existe un autre monde, le monde spirituel, éternel. (Page 33)

HṚṢĪKEŚA
ACYUTA
KEŚAVA
NṚSIMHA
PADMANABHA
VĀMANA
ADHUSŪDANA
ADHOKṢAJA
UPENDRA

Śrī Kṛṣṇa, Dieu la Personne Suprême

On pourrait faire remarquer que si les dévots de Kṛṣṇa s'efforcent d'accéder à la planète de Kṛṣṇa, nombreux sont ceux qui cherchent à se rendre sur la lune. N'est-ce pas là un objectif tout aussi parfait ? La tendance à voyager vers d'autres planètes existe toujours en l'être vivant, qui est d'ailleurs désigné par le mot *sarva-gata,* signifiant « celui qui veut aller partout ». Il est en effet de la nature de l'être vivant de voyager. Le désir d'aller sur la lune n'est pas chose nouvelle. Beaucoup de *yogīs* cherchent aussi à accéder aux planètes supérieures comme la lune. Mais dans la *Bhagavad-gītā,* Kṛṣṇa prévient que cela ne sera d'aucune utilité :

*ā-brahma-bhuvanāl lokāḥ*
*punar āvartino 'rjuna*
*mām upetya tu kaunteya*
*punar janma na vidyate*

« Ô fils de Kuntī, toutes les planètes de l'univers, de la plus évoluée à la plus basse, sont des lieux de souffrance où se succèdent la naissance et la mort. Mais il n'est plus de renaissance pour l'âme qui atteint Mon royaume. » (*Bhagavad-gītā,* 8.16)

L'univers se divise en systèmes planétaires supérieur, intermédiaire et inférieur. La terre fait partie du système planétaire intermédiaire. Or, Śrī Kṛṣṇa, Dieu la Personne Suprême, nous apprend que même si l'on atteint la plus haute planète entre toutes, appelée Brahmaloka, on y trouvera toujours la répétition de la naissance et de la mort. Des êtres vivants peuplent en grand nombre les autres planètes de l'univers. Ne croyons pas que nous sommes les seuls habitants de l'univers et que toutes les autres planètes sont inoccupées. Notre expérience nous permet de constater qu'aucun endroit sur terre n'est vide d'êtres vivants. Si nous creusons profondément dans la terre, nous trouvons des vers ; si nous nous enfonçons dans l'eau, nous y trouvons des animaux aquatiques, et si nous nous tournons vers le ciel, nous découvrons des oiseaux. Comment dès lors peut-on arriver à la conclusion que les autres planètes n'hébergent pas d'êtres vivants ? Mais Kṛṣṇa nous prévient que même si nous accédons à ces autres planètes où vivent de grands *devas,* nous serons toujours assujettis à la mort. Il précise par contre qu'en atteignant Sa planète, Kṛṣṇaloka, l'on n'a plus à renaître.

Nous devons donc nous montrer très sérieux pour ce qui est de retrouver notre vie éternelle, toute de connaissance et de félicité. Nous avons oublié que là réside véritablement le but de notre existence, notre véritable intérêt. Pourquoi l'avons-nous oublié ? Nous avons simplement été piégés par le scintillement de la matière, par les gratte-ciel, les grandes usines et les jeux politiques, et ce, même si nous savons que quelle que soit la hauteur des gratte-ciel que nous construisons, jamais nous n'y pourrons vivre indéfiniment. Nous ne devons pas gâcher notre énergie à édifier de puissantes industries et de grandes villes, celles-ci n'ayant pour effet que de nous enchaîner davantage à la nature matérielle ; notre énergie doit plutôt nous servir à développer notre conscience de Kṛṣṇa, en vue d'acquérir un corps spirituel par lequel nous pourrons accéder à la planète de Kṛṣṇa. La conscience de Kṛṣṇa n'est pas une formule religieuse ou une simple récréation spirituelle ; elle représente ce qu'il y a de plus important dans l'être vivant.

CHAPITRE 4

# Au-delà des limites de l'univers

Bien que sur les planètes supérieures de notre univers règnent la naissance et la mort, de grands *yogīs* s'efforcent de les atteindre. On peut se demander pourquoi. C'est que bien qu'ils possèdent d'immenses pouvoirs, ces *yogīs* ont encore tendance à vouloir jouir des plaisirs matériels. Les planètes supérieures leur offrent une longévité exceptionnelle. Śrī Kṛṣṇa indique la valeur du temps sur ces planètes :

*sahasra-yuga-paryantam*
*ahar yad brahmaṇo viduḥ*
*rātriṁ yuga-sahasrāntāṁ*
*te 'ho-rātra-vido janāḥ*

« À l'échelle humaine, un jour de Brahmā équivaut à mille des différents âges, et autant sa nuit. » (*Bhagavad-gītā*, 8.17)

Un *yuga* dure 4 300 000 années. Ce nombre multiplié par mille représente douze heures de la vie de Brahmā, sur sa planète Brahmaloka, et de même douze autres de ces heures représentent une nuit. Trente de tels jours valent un mois, douze mois une année, et Brahmā vit pendant cent de ces années. La vie sur une telle planète s'avère donc incroyablement longue ; et pourtant, même si c'est après des milliards d'années, les habitants de Brahma-loka doivent aussi affronter la mort. À moins d'aller sur les planètes spirituelles, il n'y a pas moyen d'échapper à la mort.

*avyaktād vyaktayaḥ sarvāḥ*
*prabhavanty ahar-āgame*
*rātry-āgame pralīyante*
*tatraivāvyakta-saṁjñake*

« Quand vient le jour de Brahmā, tous les êtres vivants sortent de l'état non manifesté, et ils y retournent à la tombée de la nuit. » (*Bhagavad-gītā*, 8.18)

À la fin d'un jour de Brahmā, tous les systèmes planétaires se voient recouverts d'eau, et leurs habitants anéantis. Après cette dévastation, et une fois passée la nuit de Brahmā, lorsqu'il s'éveille à l'aube, survient une nouvelle création, et tous les êtres réapparaissent. Ainsi, la nature même de ce monde est d'être soumis à la création et à la destruction.

*bhūta-grāmaḥ sa evāyaṁ*
*bhūtvā bhūtvā pralīyate*
*rātry-āgame 'vaśaḥ pārtha*
*prabhavaty ahar-āgame*

« Ô fils de Pṛthā, chaque jour de Brahmā, des myriades d'êtres sont à nouveau ramenés à l'existence, et la nuit venue, tous sont anéantis sans qu'ils puissent s'y soustraire. » (*Bhagavad-gītā*, 8.19)

Bien que les êtres vivants ne veuillent pas de dévastation, celle-ci survient et submerge les planètes jusqu'à ce que tous leurs habitants soient engloutis dans les eaux, et ce, d'un bout à l'autre de la nuit de Brahmā. Mais lorsque vient le jour, l'eau peu à peu se retire.

*paras tasmāt tu bhāvo 'nyo*
*'vyakto 'vyaktāt sanātanaḥ*
*yaḥ sa sarveṣu bhūteṣu*
*naśyatsu na vinaśyati*

« Il existe cependant une autre nature non manifestée, qui est éternelle et se situe au-delà des états manifesté et non manifesté de la matière. Indestructible et suprême, elle demeure intacte quand tout en l'univers matériel est dissous. » (*Bhagavad-gītā*, 8.20)

On ne peut mesurer l'étendue de l'univers matériel, mais les Védas nous apprennent que des millions d'univers composent la création et qu'au-delà de ces univers matériels, existe un autre monde, celui-là spirituel. Toutes les planètes y sont éternelles, de même que l'existence de tous les êtres qui y vivent. Dans ce verset, le mot *bhāvaḥ*, signifiant nature, nous indique une autre nature, un autre monde.

En ce monde même nous pouvons déjà distinguer deux natures, l'esprit et la matière. L'âme qui habite le corps est esprit, et tant qu'elle vit dans le corps, celui-ci est animé ; à l'opposé, dès que l'âme, ou l'étincelle spirituelle, quitte le corps, il devient immobile. La nature spirituelle représente la nature supérieure de Kṛṣṇa, tandis que la nature matérielle représente Sa nature inférieure. Au-delà de la nature matérielle existe bel et bien une autre nature, supérieure et entièrement spirituelle, mais ceci ne peut être compris par la voie de l'empirisme. Nous pouvons peut-être voir des millions et des millions d'étoiles à travers un télescope, mais nous ne pouvons pas nous y rendre et les visiter. Nous devons donc reconnaître nos limites. Si par la connaissance expérimentale nous ne pouvons pas même comprendre l'univers matériel, quelle possibilité avons-nous de connaître Dieu et Son royaume ? Il nous faut accepter qu'aucune expérience empirique ne nous donnera d'y parvenir. Le savoir nous viendra par l'écoute de la *Bhagavad-gītā*. Si nous adhérons à la conscience de Kṛṣṇa, toutes les informations au sujet de Kṛṣṇa et de Son royaume nous seront révélées.

Les mots *paras tasmāt tu bhāvaḥ* désignent la nature supérieure, et *vyaktāḥ* fait référence à ce qui est manifesté devant nos yeux. Nous pouvons percevoir l'univers matériel : la terre, le soleil, les étoiles et les planètes. Mais au-delà se trouve un autre univers, celui-là de nature éternelle, *avyaktāt sanātanaḥ*. La nature spirituelle est *sanātanaḥ*, éternelle : elle n'a ni commencement ni fin. La nature matérielle par contre a un commencement et une fin. Un nuage dans le ciel semble couvrir une grande étendue, mais en réalité il ne représente qu'un infime point couvrant une partie insignifiante de la totalité du firmament. Parce que nous sommes très petits, insignifiants, il suffit que quelques centaines de kilomètres soient couverts de nuages pour qu'il nous semble que le ciel tout entier est recouvert. Pareillement, l'univers matériel est comparable à un nuage insignifiant dans le vaste ciel spirituel. Et tout comme un nuage a une origine et une fin, il en va de même pour cette nature matérielle. Mais lorsque les nuages se dispersent et que le ciel s'éclaircit, nous pouvons voir les choses sous leur véritable jour. Le corps, lui aussi, est comme un nuage passant sur l'âme spirituelle. Il demeure quelque temps, donne ses fruits, décline puis disparaît. N'importe quel phénomène matériel observé est soumis à ces six transformations : il voit le jour, grandit, se stabilise, donne ses fruits, décline, puis disparaît. Or, Kṛṣṇa indique qu'au-delà de ces changements, de cette nature « comme un nuage » il existe une nature spirituelle qui elle, est éternelle, qui toujours demeure même lorsque la nature matérielle est anéantie.

Dans la littérature védique, on trouve bon nombre

d'informations relatives aux mondes matériel et spirituel. Le deuxième Chant du *Śrīmad-Bhāgavatam* nous fournit des descriptions du monde spirituel et de ses habitants. En vérité, tout ce qui existe ici-bas s'y retrouve sous un jour réel. Ici, dans l'univers matériel chaque chose n'est qu'une imitation, une ombre de ce qui existe dans le monde spirituel. Dans un cinéma, nous ne voyons qu'une représentation de la scène réelle ; de même le *Śrīmad-Bhāgavatam* enseigne que l'univers matériel n'est rien d'autre qu'un amalgame de matière façonné d'après la réalité spirituelle, un peu comme un mannequin dans la vitrine d'un magasin qui est fait à l'image d'une femme. Tout homme sensé sait bien que le mannequin n'est qu'une imitation.

Śrīdhara Svāmī dit que parce que le monde spirituel est réel, l'univers matériel qui n'en est qu'une imitation, *semble* lui aussi réel. Nous devons comprendre l'essence de la réalité : la réalité veut dire l'existence qui ne peut pas être annihilée. Réalité signifie donc éternité.

*nāsato vidyate bhāvo*
*nābhāvo vidyate sataḥ*
*ubhayor api dṛṣṭo 'ntas*
*tv anayos tattva-darśibhiḥ*

« Ceux qui voient la vérité ont conclu, après avoir étudié leurs natures respectives, à l'impermanence du non-existant [le corps matériel] et à l'immuabilité de l'éternel [l'âme spirituelle]. » (*Bhagavad-gītā*, 2.16)

Le vrai bonheur réside en Kṛṣṇa ; le plaisir matériel, lui, qui est temporaire, n'est pas véritable. Ceux qui voient les choses sous leur vrai jour ne prennent pas part aux plaisirs chimériques. Le véritable but de la vie humaine consiste à atteindre le monde spirituel, mais comme le fait remarquer le *Śrīmad-Bhāgavatam*, la plupart des gens ne le savent pas. La vie humaine est destinée à saisir la réalité et à la rejoindre. Toute la littérature védique nous enseigne de ne pas demeurer dans les ténèbres. L'univers matériel est de nature ténébreuse, alors que le monde spirituel resplendit de lumière, mais sans pour autant être éclairé par le feu ou l'électricité. Kṛṣṇa nous le dit dans le quinzième chapitre de la *Bhagavad-gītā* : « Ce royaume suprême, le Mien, ni le soleil ni la lune, ni le feu ou l'électricité ne l'éclairent. Pour qui l'atteint, point de retour en ce monde. » Le monde spirituel est dit non manifesté, car il ne peut être perçu par les sens matériels :

*avyakto 'kṣara ity uktas*
*tam āhuḥ paramāṁ gatim*
*yaṁ prāpya na nivartante*
*tad dhāma paramaṁ mama*

> « Cet endroit dont on ne retombe jamais une fois qu'on l'a atteint, que les Védāntistes décrivent comme non manifesté et impérissable, cette destination ultime est Ma demeure suprême. » (*Bhagavad-gītā*, 8.21)

Ce verset fait allusion à un grand périple. Nous devons en effet arriver à voyager dans l'espace, à travers l'univers matériel, à percer son enveloppe pour enfin entrer dans le monde spirituel. *Paramāṁ gatim* : ce voyage est suprême. Il ne s'agit pas de se rendre à quelques milliers de kilomètres pour ensuite revenir. Ce genre de voyage n'est pas très héroïque. Nous devons plutôt traverser l'univers matériel tout entier. Et cela, ce n'est pas à l'aide de vaisseaux spatiaux que nous pourrons le faire, mais par la conscience de Kṛṣṇa. Quiconque s'absorbe dans la conscience de Kṛṣṇa, et pense à Kṛṣṇa au moment de la mort, s'y voit immédiatement élevé. Si nous voulons un tant soit peu atteindre le monde spirituel et y jouir d'une vie éternelle, pleine de félicité et de connaissance, nous devons commencer maintenant à développer un corps *sac-cid-ānanda*. Il est dit que Kṛṣṇa possède un tel corps – *īśvaraḥ paramaḥ kṛṣṇaḥ sac-cid-ānanda-vigrahaḥ* – et nous aussi nous possédons donc un semblable corps d'éternité, de connaissance et de félicité, mais il est infinitésimal et recouvert du vêtement de la matière. Si d'une façon ou d'une autre nous parvenons à quitter ce vêtement illusoire, nous pourrons atteindre le royaume spirituel. Une fois arrivés là, il n'est plus nécessaire de revenir ici-bas (*yaṁ prāpya na nivartante*).

Chacun devrait donc essayer d'atteindre ce *dhāma paramam* – la demeure suprême de Kṛṣṇa. Kṛṣṇa Lui-même nous y invite ; Il nous donne en outre des Écritures pour nous guider et nous envoie Ses représentants authentiques. Nous devrions profiter de ces avantages. La vie humaine représente l'occasion de recevoir cette bénédiction, et il va du devoir de l'État, des parents, des enseignants et éducateurs d'élever ceux qui ont obtenu un corps humain jusqu'à cette perfection. Le simple fait de manger, de dormir, de s'accoupler et de se quereller comme chiens et chats ne nous élève pas au rang d'êtres civilisés. Nous devons utiliser la vie humaine à bon escient et tirer parti de cette connaissance pour cultiver la conscience de Kṛṣṇa, en sorte que nous soyons absorbés en Kṛṣṇa vingt-quatre heures sur vingt-quatre et qu'à l'heure de la mort nous rejoignions immédiatement le monde spirituel.

*puruṣaḥ sa paraḥ pārtha*
*bhaktyā labhyas tv ananyayā*
*yasyāntaḥ-sthāni bhūtāni*
*yena sarvam idaṁ tatam*

« La dévotion pure permet d'atteindre Dieu, la Personne Suprême, Lequel est supérieur à tous, ô fils de Pṛthā. Bien qu'Il vive toujours en Son royaume, Il pénètre en toute chose, et en Lui tout repose. » (*Bhagavad-gītā*, 8.22)

Si nous sommes le moindrement désireux d'atteindre cette demeure suprême, nous devons adopter le moyen d'y accéder, tel qu'indiqué ici, c'est-à-dire la dévotion pure. Le mot *bhaktyā* désigne le service de dévotion ou la soumission au Seigneur Suprême. La racine de *bhaktyā* est *bhaj*, et signifie service. Le *Nārada-pañcarātra* définit la *bhakti* comme « l'affranchissement de toute désignation matérielle ». Si l'on est déterminé à échapper à toutes les désignations issues du corps matériel, on peut accéder à la *bhakti*. La *bhakti* consiste à réaliser que l'on est pur esprit, et non pas matière. Notre véritable identité n'est pas le corps matériel, qui ne fait que recouvrir l'âme. Notre véritable identité est d'être le serviteur de Kṛṣṇa, et quiconque s'établit dans son identité réelle et sert Kṛṣṇa est un *bhakta*. Dans le *Madhya-līlā* (19.170) nous retrouvons les mots suivants qui nous disent d'utiliser nos sens au service du Seigneur Suprême : *sarvopādhi-vinirmuktaṁ, tat-paratvena nirmalam, hṛṣīkeṇa hṛṣīkeśa, sevanaṁ bhaktir ucyate. Hṛṣīkeṇa hṛṣīkeśa sevanam* signifie quand nos sens seront libérés de toutes désignations matérielles, nous les utiliserons au service du maître des sens, Hṛṣīkeśa, ou Kṛṣṇa.

Comme Rūpa Gosvāmī le fait remarquer, nous devons servir Kṛṣṇa d'une manière qui Lui soit agréable. En général, nous voulons servir Dieu dans un but matériel ou en vue d'obtenir quelque gain. Bien sûr, mieux vaut se tourner vers Dieu dans un esprit intéressé que de ne jamais le faire, mais il faut chercher à se libérer de tout profit matériel. Notre but devrait être de comprendre qui est Kṛṣṇa. Bien entendu, Kṛṣṇa est illimité et il ne nous est pas possible, à proprement parler, de Le saisir dans toute Sa grandeur, mais nous devons accepter ce qu'il nous est donné de comprendre. La *Bhagavad-gītā* nous est précisément présentée dans ce but. Nous devons savoir que lorsque nous recevons la connaissance de cette façon, Kṛṣṇa est satisfait, et nous devrions apprendre à Le servir selon Son plaisir. La conscience de Kṛṣṇa représente une grande science, exposée à travers une immense littérature dont nous devrions tirer parti pour atteindre la *bhakti*.

*Puruṣaḥ sa paraḥ :* dans le monde spirituel, Kṛṣṇa, le Seigneur Suprême, Se trouve présent en tant que la Personne Souveraine. Il y a là d'innombrables planètes naturellement lumineuses et sur chacune d'elles réside une manifestation de Kṛṣṇa. Ces manifestations sont pourvues de quatre bras et possèdent d'innombrables noms. Ce sont toutes des personnes, elles n'ont rien d'impersonnel. Ces manifestations de Kṛṣṇa peuvent être approchées par la *bhakti*, et non par le défi, la spéculation philosophique, l'élucubration mentale ou quelque exercice physique ; seule une dévotion pure, sans aucune déviation liée à l'action intéressée, donne d'y parvenir.

*Yasyāntaḥ-sthāni bhūtāni, yena sarvam idaṁ tatam :* chaque être vivant et chaque chose se trouvent à l'intérieur de Kṛṣṇa, Dieu, la Personne Suprême, mais en même temps Il est à l'extérieur d'eux, omniprésent. Comment cela s'explique-t-il ? Dieu est semblable au soleil, qui se situe en un endroit et pourtant se trouve partout présent grâce à ses rayons. Bien que Kṛṣṇa Se situe dans son *dhāma paramam,* Ses énergies se diffusent partout. Il n'est pas différent de Ses énergies, pas plus que la lumière du soleil et le soleil lui-même ne se distinguent l'un de l'autre. Et parce que Kṛṣṇa et Ses énergies sont semblables, nous pouvons Le voir partout dès l'instant où nous atteignons un niveau élevé dans le service de dévotion.

*premāñjana-cchurita-bhakti-vilocanena*
*santaḥ sadaiva hṛdayeṣu vilokayanti*
*yaṁ śyāmasundaram acintya-guṇa-svarūpaṁ*
*govindam ādi-puruṣaṁ tam ahaṁ bhajāmi*

« J'adore Govinda, le Seigneur originel, que voient au plus profond de leur cœur les purs *bhaktas* dont les yeux sont oints du baume de l'amour et de la dévotion. » (*Brahma-saṁhitā*, 5.38)

Ceux qu'emplit l'amour de Dieu Le voient constamment devant eux. Non pas que nous ayons vu Dieu la nuit dernière et qu'Il ait maintenant disparu. Non. Pour l'être conscient de Kṛṣṇa, Kṛṣṇa est toujours présent et peut être perçu de façon constante. Nous devons simplement acquérir les yeux pour Le voir.

À cause de notre asservissement à la matière, du voile formé par les sens matériels, nous ne pouvons pas saisir ce qui est spirituel. Mais nous pouvons parer à cette ignorance en chantant Hare Kṛṣṇa. Comment cela se peut-il ? Un homme qui dort par exemple, peut être réveillé par un son. Bien qu'il soit inconscient à tout égard – il ne peut ni voir, ni toucher, ni sentir – le sens de l'ouïe est si développé que cet homme peut être réveillé par un simple son. De même, l'âme spirituelle maintenant plongée dans le sommeil au contact de la matière, peut être ravivée par ce son transcendantal : Hare Kṛṣṇa, Hare Kṛṣṇa, Kṛṣṇa Kṛṣṇa, Hare Hare / Hare Rāma, Hare Rāma, Rāma Rāma, Hare Hare. Il s'agit là d'une simple invocation au Seigneur Suprême et à Ses énergies. Le mot *hare* signifie énergie, et Kṛṣṇa désigne le Seigneur Suprême. Ainsi, lorsque nous chantons le mantra Hare Kṛṣṇa, nous disons : « Ô énergie du Seigneur, ô Seigneur, veuillez m'accepter. » Nous n'avons d'autre prière que celle d'être acceptés par le Seigneur. Il n'est pas question de prier pour notre pain quotidien, car le pain est toujours donné. Le mantra Hare Kṛṣṇa n'est rien d'autre qu'une invocation au Seigneur Suprême, Lui demandant de nous accepter. Śrī Caitanya Mahāprabhu lui-même priait ainsi :

*ayi nanda-tanuja kiṅkaraṁ*
*patitaṁ māṁ viṣame bhavāmbudhau*

*kṛpayā tava pāda-paṅkaja-*
*sthita-dhūlī-sadṛśaṁ vicintaya*

« Je suis ton serviteur éternel, ô Kṛṣṇa, fils de Nanda Mahārāja, mais cependant, pour quelque raison, me voilà tombé dans l'océan de l'existence matérielle. Je T'en prie donc, arrache-moi à ces vagues de morts et de renaissances, change-moi en un atome de poussière sous Tes pieds pareils-au-lotus. » (*Śikṣāṣṭakam* 5)

Le seul espoir pour un homme perdu au milieu de l'océan est que quelqu'un vienne l'en sortir. Si quelqu'un vient à lui et le tire ne serait-ce que de quelques centimètres hors de l'eau, il s'en trouvera aussitôt soulagé. De la même façon, si nous avons le bonheur d'être arrachés à l'océan de la naissance et de la mort par la pratique de la conscience de Kṛṣṇa, nous nous sentirons immédiatement délivrés.

Bien que nous ne puissions percevoir la nature transcendantale du Seigneur Suprême, de Son nom, de Sa renommée et de Ses activités, si nous nous établissons dans la conscience de Kṛṣṇa, graduellement Dieu Se révélera à nous. Nous ne pouvons pas voir Dieu par nos propres efforts, mais si nous nous préparons comme il se doit, Dieu Se révélera à nous et nous pourrons alors Le voir. Nul ne peut commander à Dieu, il faut plutôt agir de telle sorte qu'Il sera content de Se révéler à nous. Dans la *Bhagavad-gītā* Kṛṣṇa Se décrit et nous renseigne sur Lui-même, et là, il n'est pas question de douter ; nous devons simplement accepter ce qu'Il nous dit et nous efforcer de Le comprendre. Il n'y a pas d'antécédent requis pour comprendre la *Bhagavad-gītā,* car elle est énoncée depuis le niveau absolu. Le simple fait de chanter les noms de Kṛṣṇa nous révélera ce que nous sommes, qui est Dieu, ce que sont l'univers matériel et le monde spirituel, pourquoi nous sommes conditionnés, comment nous pouvons échapper à ce conditionnement, et de même, tout ce que nous devons savoir, étape par étape. À vrai dire, les voies de la foi et de la révélation ne nous sont pas étrangères. Chaque jour nous mettons notre foi en quelque chose. Nous achetons par exemple un billet d'avion pour voyager, et sur la base de ce billet nous avons foi que nous serons transportés à destination. Pourquoi donnons-nous de l'argent pour un tel billet ? Nous ne donnons pas notre argent à n'importe qui. La compagnie est reconnue et la ligne aérienne aussi, de sorte que la foi s'établit. Sans foi, nous ne pouvons faire un seul pas en avant dans le cours ordinaire de notre vie.

Nous devons avoir la foi, mais foi en ce qui est reconnu. Il ne s'agit pas d'avoir une foi aveugle, mais d'accepter ce qui est reconnu. Or la *Bhagavad-gītā* est reconnue et acceptée comme Écriture sainte par toutes les classes d'hommes en Inde, et si l'on considère le monde hors des limites de l'Inde, nombre d'érudits, de théologiens et de philosophes reconnaissent la *Bhagavad-gītā* comme un important ouvrage d'autorité spirituelle. L'autorité de la *Bhagavad-gītā* ne fait pas le moindre doute. Même un homme de science aussi éminent que le professeur Albert Einstein lisait régulièrement la *Bhagavad-gītā*.

La *Bhagavad-gītā* nous enseigne qu'il existe un autre monde, le monde spirituel, le royaume de Kṛṣṇa, Dieu la Personne Suprême. Si nous étions transportés dans une contrée où l'on nous informerait que nous n'avons plus à subir la naissance, la maladie, la vieillesse et la mort, n'en serions-nous pas heureux ? Et si nous entendions parler d'un tel endroit, ne tenterions-nous pas de toutes nos forces de nous y rendre ? Personne ne veut vieillir ni mourir. En fait, ce qui satisferait notre plus profond désir serait de trouver cet endroit, libre de toutes souffrances. Pourquoi ? Parce que c'est notre nature profonde et notre privilège. Car nous sommes éternels, pleins de félicité et de connaissance, mais à cause de notre asservissement à ce monde matériel, nous avons oublié notre véritable nature. Aussi la *Bhagavad-gītā* nous donne l'avantage de pouvoir retrouver notre nature originelle.

Les bouddhistes et shankarites prétendent que l'au-delà est néant. Mais la *Bhagavad-gītā* ne nous déçoit pas ainsi. La philosophie du néant a simplement produit des athées. Nous sommes des êtres spirituels et nous voulons le bonheur, si bien que dès que notre futur paraît être le néant, nous sommes portés à jouir de la vie matérielle. C'est ainsi que les impersonnalistes discutent de la philosophie du vide, tout en essayant de jouir autant que possible de l'existence matérielle. On peut trouver plaisir à spéculer de cette manière, mais on n'en retirera aucun bénéfice spirituel.

*brahma-bhūtaḥ prasannātmā*
*na śocati na kāṅkṣati*
*samaḥ sarveṣu bhūteṣu*
*mad-bhaktiṁ labhate parām*

« Celui qui atteint le niveau transcendantal réalise aussitôt le Brahman Suprême et ressent une joie très profonde. Il se montre égal envers tous les êtres et jamais ne s'afflige, ni n'aspire à quoi que ce soit. Il obtient dès lors de Me servir avec une dévotion pure. » (*Bhagavad-gītā*, 18.54)

Celui qui a progressé dans la vie dévotionnelle et qui aime servir Kṛṣṇa, se détachera automatiquement des plaisirs matériels. La caractéristique de l'être ainsi absorbé dans le service de dévotion est qu'il est pleinement satisfait avec Kṛṣṇa.

CHAPITRE 5

# Vivre avec Kṛṣṇa

Obtenant quelque chose de supérieur, on abandonne naturellement tout ce qui lui est inférieur. Nous voulons le bonheur, mais l'impersonnalisme et le nihilisme ont créé une atmosphère telle que nous voilà enchaînés au bonheur matériel. Il nous faut goûter le bonheur en relation avec la Personne Suprême (*puruṣaḥ sa paraḥ*). Dans le monde spirituel, nous sommes à même de parler personnellement avec Dieu. Il nous est possible de Le voir face à face, de nous divertir en Sa compagnie, de manger avec Lui, et ainsi de suite. Tout cela nous est accessible par le service d'amour transcendantal qu'on Lui offre (*bhaktyā*). Toutefois, ce service doit être dénué de toute motivation matérielle, c'est-à-dire que nous devons aimer Dieu sans chercher à en retirer une quelconque rémunération matérielle. Et notons bien qu'aimer Dieu en vue de ne plus faire qu'un avec Lui est aussi une motivation impure.

Une des différences essentielles entre le monde spirituel et le monde matériel réside en ceci : le chef, ou celui qui dirige les planètes spirituelles, n'a pas de rival. Le personnage principal sur chacune des planètes spirituelles est une émanation plénière de Kṛṣṇa. Le Seigneur Suprême et Ses multiples manifestations règnent sur toutes les planètes du monde spirituel. Sur terre, au contraire, divers candidats luttent pour les postes de président et de premier ministre, mais dans le monde spirituel tous reconnaissent la suprématie de Dieu. Ceux qui ne L'acceptent pas et tentent de rivaliser avec Lui sont acheminés vers l'univers matériel, qui n'est ni plus ni moins qu'une prison. Tout comme chaque ville a sa prison, qui ne représente qu'une partie très insignifiante de la ville entière, l'univers matériel sert de prison pour les âmes conditionnées qui ne veulent pas accepter Dieu et constitue une partie insignifiante du monde spirituel.

Les habitants des planètes spirituelles sont tous des âmes libérées. Le *Śrīmad-Bhāgavatam* nous apprend que leurs traits sont semblables à ceux de Dieu. Sur certaines de ces planètes, Dieu Se manifeste avec deux bras, sur d'autres avec quatre. Les habitants de ces planètes ont eux aussi deux ou quatre bras, et il est dit qu'on ne peut les distinguer de la Personne Suprême. Dans le monde spirituel il y a cinq sortes de libération. La *sāyujya-mukti* est une forme de libération par laquelle on se fond dans l'existence impersonnelle du Seigneur, appelée Brahman. Une autre forme de libération, la *sārūpya-mukti* permet d'obtenir des traits corporels en tous points semblables à ceux de Dieu. La *sālokya-mukti* donne de vivre sur la même planète que Dieu. Par la *sārṣṭi-mukti* on peut jouir des mêmes perfections que le Seigneur Suprême. Une autre sorte de libération permet de demeurer toujours auprès de Dieu tel un de Ses compagnons, tout comme Arjuna vit toujours auprès de Kṛṣṇa en tant que Son ami. On peut obtenir n'importe laquelle de ces cinq formes de libération, mais d'entre elles, la *sāyujya-mukti,* qui consiste à se fondre dans l'aspect impersonnel de Dieu n'est pas désirée par le dévot *vaiṣṇava*. Le *vaiṣṇava* désire adorer Dieu et garder son individualité propre pour Le servir, tandis que le philosophe impersonnaliste, le *māyāvādī*, souhaite perdre son individualité et se fondre dans l'existence de l'Absolu. Cette fusion n'est recommandée ni par Kṛṣṇa dans la *Bhagavad-gītā*, ni par la filiation spirituelle des philosophes *vaiṣṇavas*. Śrī Caitanya Mahāprabhu écrit à ce sujet dans son *Śikṣāṣṭakam* :

*na dhanaṁ na janaṁ na sundarīṁ*
*kavitāṁ vā jagad-īśa kāmaye*
*mama janmani janmanīśvare*
*bhavatād bhaktir ahaitukī tvayi*

« Ô Seigneur tout-puissant ! Je n'aspire nullement aux richesses, je ne rêve pas de jolies femmes et ne recherche pas non plus de disciples. Je désire uniquement m'absorber sans fin, vie après vie, dans Ton service d'amour pur et absolu. » (*Śikṣāṣṭakam* 4)

Śrī Caitanya Mahāprabhu utilise ici les mots « vie après vie ». Lorsque les naissances se succèdent dans différents corps, il n'est pas question de libération. Atteignant la libération, on rejoint en effet les planètes spirituelles, et il n'est pas question de renaître dans l'univers matériel. Cependant, Caitanya Mahāprabhu ne se soucie pas d'être libéré ou non : sa seule préoccupation est de pouvoir participer activement au service du Seigneur Suprême, dans la conscience de Kṛṣṇa. Le dévot de Kṛṣṇa ne se soucie pas de l'endroit où il se trouve ; peu lui importe de renaître dans le règne animal ou parmi les humains, au royaume des *devas* ou dans quelque autre condition. Il prie seulement le Seigneur de lui permettre de ne jamais L'oublier et de toujours pouvoir demeurer à Son service transcendantal. Ce sont là les signes d'une dévotion pure. Il est bien entendu, cependant, qu'un *bhakta* où qu'il soit, vit dans le monde spirituel, même lorsqu'il se trouve dans un corps matériel. Mais il ne demande rien à Dieu pour sa propre élévation ou son confort.

Il est vrai que Śrī Kṛṣṇa souligne l'aisance avec laquelle peut L'atteindre celui qui Lui est dévoué. Mais il y a aussi d'autres méthodes pour atteindre la libération, que pratiquent des *yogīs*, et qui comportent des risques. Pour eux, Kṛṣṇa donne des directives dans la *Bhagavad-*

*gītā* concernant le moment approprié pour quitter le corps physique.

*yatra kāle tv anāvṛttim*
*āvṛttiṁ caiva yoginaḥ*
*prayātā yānti taṁ kālaṁ*
*vakṣyāmi bharatarṣabha*

> « Ô meilleur des Bhāratas, laisse-Moi à présent te décrire les moments propices pour quitter ce monde et n'y plus revenir et ceux qui, au contraire, forcent un *yogī* à retourner sur terre. » (*Bhagavad-gītā*, 8.23)

Kṛṣṇa indique dans ce verset que si nous parvenons à quitter notre corps à un moment déterminé, nous pouvons être libérés et ne jamais avoir à revenir dans l'univers matériel. D'un autre côté, Il indique que si nous mourons à un autre moment, nous devrons revenir. Il y a donc un élément d'incertitude, tout à fait inexistant pour un dévot. Un dévot, ou *bhakta*, toujours absorbé dans la conscience de Kṛṣṇa, est assuré par sa dévotion, d'entrer dans la demeure de Kṛṣṇa.

*agnir jyotir ahaḥ śuklaḥ*
*ṣaṇ-māsā uttarāyaṇam*
*tatra prayātā gacchanti*
*brahma brahma-vido janāḥ*

> « L'être qui connaît le Brahman Suprême parviendra jusqu'à Lui s'il quitte ce monde à un moment propice, sous le signe du *deva* du feu, en pleine lumière, pendant les quinze jours où croît la lune et les six mois durant lesquels le soleil passe au septentrion. » (*Bhagavad-gītā*, 8.24)

Le soleil voyage six mois au nord de l'équateur et six mois au sud. Le *Śrīmad-Bhāgavatam* nous apprend en effet que le soleil se déplace au même titre que les autres planètes. Et si nous mourons au moment où il se trouve dans l'hémisphère nord, nous atteignons la libération.

*dhūmo rātris tathā kṛṣṇaḥ*
*ṣaṇ-māsā dakṣiṇāyanam*
*tatra cāndramasaṁ jyotir*
*yogī prāpya nivartate*

*śukla-kṛṣṇe gatī hy ete*
*jagataḥ śāśvate mate*
*ekayā yāty anāvṛttim*
*anyayāvartate punaḥ*

« S'il part dans la brume, la nuit, pendant les quinze jours du déclin de la lune ou durant les six mois de soleil austral, le *yogī* atteindra l'astre lunaire, mais devra tout de même revenir sur terre. Il y a, d'après les Védas, deux façons de quitter ce monde : dans l'obscurité ou dans la lumière. L'une est la voie du retour, l'autre du non-retour. » (*Bhagavad-gītā*, 8.25-26)

Tout cela survient fortuitement. Nous ne savons pas quand nous allons mourir et à chaque instant nous pouvons quitter notre corps de façon accidentelle. Mais pour le dévot établi dans la conscience de Kṛṣṇa, il n'est pas question de hasard. Il possède toujours la certitude.

*naite sṛtī pārtha jānan*
*yogī muhyati kaścana*
*tasmāt sarveṣu kāleṣu*
*yoga-yukto bhavārjuna*

« Si les dévots connaissent ces deux voies, ils ne s'en soucient pas. Sois donc, ô Arjuna, toujours ferme dans la dévotion. » (*Bhagavad-gītā*, 8.27)

Il a été précisé que si au moment de la mort on peut penser à Kṛṣṇa on se trouve aussitôt élevé à Sa demeure :

*anta-kāle ca mām eva*
*smaran muktvā kalevaram*
*yaḥ prayāti sa mad-bhāvaṁ*
*yāti nāsty atra saṁśayaḥ*

*abhyāsa-yoga-yuktena*
*cetasā nānya-gāminā*
*paramaṁ puruṣaṁ divyaṁ*
*yāti pārthānucintayan*

« Celui qui, à la fin de sa vie, quitte son corps en pensant à Moi seul partage aussitôt Ma nature, n'en doute pas. Celui qui médite sur Moi, la Personne Suprême, et toujours se souvient de Moi, sans jamais dévier, celui-là vient à Moi sans nul doute, ô Pārtha. » (*Bhagavad-gītā*, 8.5 et 8.8)

Une telle méditation centrée sur Kṛṣṇa peut paraître très difficile, mais il n'en est rien. Si l'on pratique la conscience de Kṛṣṇa, en chantant le *mahā-mantra* Hare Kṛṣṇa, Hare Kṛṣṇa, Kṛṣṇa Kṛṣṇa, Hare Hare / Hare Rāma, Hare Rāma, Rāma Rāma, Hare Hare, on sera rapidement aidé. Kṛṣṇa et Son nom ne sont pas différents, de même que Kṛṣṇa et Sa demeure transcendantale. Ainsi, par le son, nous pouvons avoir Kṛṣṇa à nos côtés. Si par exemple nous chantons Hare Kṛṣṇa dans la rue, nous verrons Kṛṣṇa Se joindre à nous. Tout comme lorsque nous regardons la lune au-dessus de nous, nous avons l'impression qu'elle nous suit, Kṛṣṇa nous suit partout où nous chantons Son nom. Si l'énergie inférieure de Kṛṣṇa peut ainsi sembler nous accompagner, combien plus est-il possible à Kṛṣṇa Lui-même d'être avec nous lorsque nous chantons Ses noms. Il nous tiendra compagnie, mais nous devons acquérir les qualités requises pour vivre à Son contact. Toutefois, si nous sommes toujours absorbés dans la pensée de Kṛṣṇa, nous pouvons être assurés que Kṛṣṇa Se trouve constamment avec nous. Caitanya Mahāprabhu priait ainsi :

*nāmnām akāri bahudhā nija-sarva-śaktis*
*tatrārpitā niyamitaḥ smaraṇe na kālaḥ*
*etādṛśī tava kṛpā bhagavan mamāpi*
*durdaivam īdṛśam ihājani nānurāgaḥ*

« Ton saint nom peut seul, ô Seigneur, combler l'âme de toutes les grâces. Or, des noms divins, Tu en possèdes à l'infini, tels Kṛṣṇa ou Govinda, que Tu as investis de toutes Tes puissances spirituelles ; pour les chanter, aucune règle stricte. Dans Ton infinie miséricorde, ô Seigneur, Tu permets qu'on s'approche aisément de Toi par le chant de Tes saints noms, mais dans mon infortune, je n'ai aucun attrait pour eux. » (*Śikṣāṣṭakam* 2)

Simplement en chantant ou en récitant Son saint nom, nous pouvons jouir de tous les avantages de la compagnie personnelle de Kṛṣṇa. Caitanya Mahāprabhu n'est pas seulement considéré comme une âme réalisée, mais comme une manifestation de Kṛṣṇa Lui-même. Il souligne que dans cet âge de Kali, l'âge où nous vivons, bien que les hommes n'aient pas vraiment de facilités pour réaliser leur identité spirituelle, Kṛṣṇa, montrant Son infinie bonté, nous a donné cette manifestation sonore de Sa personne pour qu'elle nous serve de moyen de réalisation spirituelle. Aucune qualité particulière n'est requise pour pratiquer cette méthode ; il n'est même pas besoin de connaître le sanskrit. Le mantra Hare Kṛṣṇa est en effet si puissant que n'importe qui peut immédiatement commencer à le chanter, sans la moindre connaissance du sanskrit.

*vedeṣu yajñeṣu tapaḥsu caiva*
*dāneṣu yat puṇya-phalaṁ pradiṣṭam*

*atyeti tat sarvam idaṁ viditvā*
*yogī paraṁ sthānam upaiti cādyam*

« Celui qui emprunte la voie du service de dévotion n'est en rien privé des fruits que confèrent l'étude des Védas, les sacrifices, les austérités, les actes charitables, la recherche philosophique et l'action intéressée. Par sa seule pratique dévotionnelle, il les obtient tous et atteint à la fin le royaume suprême et éternel. » (*Bhagavad-gītā*, 8.28)

Kṛṣṇa affirme ici que l'objet de tous les enseignements védiques consiste à atteindre le but ultime de l'existence : retourner à Dieu. Toutes les Écritures saintes de tous les pays visent ce but, qui a également fait l'objet du message de tous les réformateurs religieux. Nul ne nous conseille de nous installer définitivement dans l'univers matériel. Il peut y avoir de légères différences, selon le pays, l'époque et les diverses circonstances ou les différentes injonctions scripturaires, mais le principe directeur, reconnu par tous les spiritualistes authentiques, reste le même : nous ne sommes pas destinés à vivre dans l'univers matériel mais devons regagner le monde spirituel. Toutes les indications relatives à la satisfaction du plus profond désir de notre âme, nous orientent vers ce royaume de Kṛṣṇa, Dieu la Personne Suprême, par-delà la naissance et la mort.

# L'auteur

Śrī Śrīmad A.C. Bhaktivedanta Swami Śrīla Prabhupāda est né en 1896 à Calcutta, en Inde. Sa première rencontre avec son maître spirituel, Śrīla Bhaktisiddhānta Sarasvatī Gosvāmī, eut lieu à Calcutta en 1922. Bhaktisiddhānta Sarasvatī, célèbre chef religieux et fondateur de la mission Gauḍīya Maṭha (qui comptait 64 temples et instituts védiques) eut spontanément beaucoup d'affection pour ce jeune Bengali éduqué. Il réussit à le convaincre de dédier sa vie à enseigner le savoir védique. Tout d'abord étudiant auprès de son maître, Śrīla Prabhupāda reçut de lui en 1933 l'initiation spirituelle et devint son disciple.

Lors de leur première rencontre en 1922, Śrīla Bhaktisiddhānta Sarasvatī demande à Śrīla Prabhupāda de propager le savoir védique en anglais à travers le monde. Les années suivantes Śrīla Prabhupāda écrit un commentaire sur la *Bhagavad-gītā*, assiste la mission Gauḍīya Maṭha dans ses œuvres en Inde et fonde en 1944 un magazine bimesuel, le « *Back to Godhead* » en langue anglaise. Seul dans toutes les étapes de production de ce magazine, Śrīla Prabhupāda rédige les articles, les corrige, les typographie, vérifie les épreuves avant l'impression et distribue lui-même les revues une par une. Soixante-quinze ans plus tard, le magazine est toujours imprimé et distribué par ses disciples.

En 1950, Śrīla Prabhupāda se retire de la vie de famille, vouant ainsi plus de temps à ses études et à ses écrits. Il part vivre dans la ville sainte de Vṛndāvana et s'établit dans de très humbles conditions dans le temple historique de Rādhā-Dāmodara. Il y passe des années, absorbé dans ses études et ses écrits. En 1959, il fait vœu de *sannyāsa*, renonçant ainsi définitivement à la vie de famille. C'est pendant cette période qu'il se consacre à l'œuvre de sa vie, la traduction et les commentaires des 18 000 versets du *Śrīmad-Bhāgavatam*. Il écrit aussi un petit ouvrage intitulé « *Easy Journey to Other Planets* » (*Antimatière et Éternité*).

Après avoir imprimé trois volumes de ce *Bhāgavatam*, Śrīla Prabhupāda part pour les États-Unis en septembre 1965 afin de mener à bien la mission de son maître spirituel. Par la suite, il traduit, commente avec autorité et imprime plus de 50 volumes des grands classiques religieux et philosophiques de l'Inde.

Arrivé par cargo aux USA pour la première fois, Śrīla Prabhupāda se retrouve sans un sou à New York. Au terme d'une année de grande difficulté il fonde enfin l'*International Society for Krishna Consciousness* en juillet 1966. Avant de quitter ce monde le 14 novembre 1977, il est témoin de l'essor considérable du Mouvement mondial qu'il a créé et inspiré spirituellement. Maintenant constitué de plus de 100 temples, ashrams, écoles, instituts et communautés rurales, ce Mouvement ne cesse de prendre de l'expansion en divers endroits de la planète.

En 1972, Śrīla Prabhupāda avait commencé à introduire le système védique d'éducation, primaire et secondaire appelé *gurukula*, en fondant la première école à Dallas au Texas. Depuis, ses disciples ont établi d'autres *gurukulas* aux États-Unis et en divers endroits du monde.

Śrīla Prabhupāda est aussi celui qui a inspiré la construction de plusieurs grands temples et projets en Inde. À Śrīdhāma Māyāpur, dans le Bengale de l'Ouest, ses disciples ont entamé il y a cinquante ans la construction d'une ville spirituelle centrée autour d'un temple magnifique, projet ambitieux, en expansion constante et pour de nombreuses années à venir. À Vṛndāvana, il fonda le temple Kṛṣṇa-Balarāma ainsi qu'une hôtellerie internationale et une école *gurukula*. Ses disciples lui consacreront ensuite un mémorial et un musée. D'autres projets tels que temples et centres culturels poussent à Mumbai, New Delhi, Ahmedabad, Siliguri, et Ujjain. D'autres centres sont à l'étude en de nombreux endroits du sous-continent indien et à travers le monde.

Mais la contribution principale de Śrīla Prabhupāda est littéraire. Les nombreux livres qu'il a écrits – traduits dans plus de 80 langues – sont étudiés dans plusieurs universités et hautement respectés par indianistes et chercheurs pour leur autorité, leur profondeur et leur clarté. Le *Bhaktivedanta Book Trust*, fondé en 1972 pour publier les œuvres de Śrīla Prabhupāda, est devenu en quelques décennies la plus grosse maison d'édition au monde dans le domaine de la philosophie et de la religion indienne. Malgré son âge avancé, Śrīla Prabhupāda fit quatorze fois le tour du globe en seulement douze années, transmettant ses enseignements lors de nombreuses conférences sur les six continents. Lors de ses voyages, malgré un emploi du temps très chargé, il n'a jamais cessé d'écrire. Ses écrits prolifiques constituent à eux seuls une véritable librairie dans les domaines de la philosophie, de la religion, de la littérature et de la culture védiques.

# Guide de prononciation du sanskrit

À travers les siècles, la langue sanskrite a été écrite dans toute une variété d'alphabets. Cependant, le mode d'écriture le plus largement utilisé dans l'Inde entière est le *devanāgarī,* terme qui signifie littéralement l'écriture en usage « dans les cités des *devas* ». L'alphabet *devanāgarī* consiste en quarante-huit caractères : 13 voyelles et 35 consonnes.

Les grammairiens sanskritistes de l'Antiquité ont agencé cet alphabet selon des principes linguistiques pragmatiques reconnus par tous les érudits occidentaux.

Le système de translittération présenté ici est conforme à celui que les linguistes ont adopté depuis les cinquantes dernières années pour indiquer la prononciation des mots sanskrits.

La plupart des voyelles et des consonnes se prononcent comme en français, sauf quelques exceptions. Le « ṛ » qui se prononce « ri ». Le « c » se prononce « tch ». Le « ṣ » et le « ś » se prononcent « sh ». Le « u » se prononce « ou ». Le « e » se prononce « é ». Les voyelles sont longues lorsqu'il y a un trait au-dessus (ā, ī, ū). Notez donc que le nom de l'auteur, Śrīla Prabhupāda, se prononce Shrila Prabhoupade, que le nom Caitanya se prononce Tchaitanya, et Kṛṣṇa, Krishna.

# Glossaire

**Aṣṭāṅga-yoga :** méthode de yoga comportant huit étapes : *yama* (observances), *niyama* (abstinences), *āsana* (postures classiques du *yoga), prāṇāyāma* (contrôle de la respiration), *pratyāhāra* (contrôle des sens), *dhāraṇā* (concentration), *dhyāna* (méditation) et *samādhi* (contemplation du Seigneur dans le cœur).

**Ātmā :** ce mot peut désigner le corps, le mental, l'intelligence ou l'Âme Suprême, mais le plus souvent il désigne l'âme individuelle.

**Bhagavad-gītā :** Le plus célèbre des textes sacrés de l'Inde. Il constitue le chapitre le plus philosophique du Mahābhārata, la grande épopée indienne.

**Bhakti-yoga :** relation avec le Seigneur Suprême à travers le service de dévotion.

**Brahmacarya :** période de célibat et d'étude sous la tutelle d'un maître spirituel.

**Brahma-jyotir :** radiance émanant de la forme transcendantale de Kṛṣṇa qui illumine le monde spirituel.

**Caitanya Mahāprabhu :** Incarnation de Kṛṣṇa qui apparut il y a cinq siècles pour répandre le yoga de l'amour divin par le chant des saints noms de Dieu.

**Jñāna-yoga :** recherche de la Vérité sur le plan philosophique.

**Kali-yuga :** âge de querelle et d'hypocrisie commencé depuis 5000 ans et durant en tout 432000 ans. Quatrième du cycle des quatre âges. (Voir **Yuga**)

**Karma-yoga :** 1) Yoga qui permet de se détacher progressivement de l'existence matérielle en renonçant aux fruits de ses actes ; 2) Voie de yoga par laquelle l'action et ses fruits sont dédiés au service de Dieu.

**Kṛṣṇa :** nom originel de Dieu, la Personne Suprême, dans Sa forme spirituelle première ; il signifie « l'Infiniment Fascinant ».

**Mahā-mantra :** le « grand mantra » – Hare Kṛṣṇa Hare Kṛṣṇa Kṛṣṇa Kṛṣṇa Hare Hare / Hare Rāma Hare Rāma Rāma Rāma Hare Hare.

**Mahātmā :** (grande âme) celui qui comprend au plus profond de lui-même que Kṛṣṇa est tout, et qui, de ce fait, s'abandonne à Lui.

**Mūrti :** manifestation de la forme personnelle de Dieu à travers certains matériaux déterminés. Kṛṣṇa, le créateur et maître de tous les éléments, apparaît sous cette forme pour faciliter le service de Son dévot.

**Prasāda :** miséricorde de Dieu ; nourriture offerte avec amour et dévotion à Kṛṣṇa qui la consacre et lui donne le pouvoir de purifier ceux qui la mangent.

**Védas :** Écritures védiques originelles divisées en quatre parties : le *Ṛg*, le *Yajur*, le *Sāma* et l'*Atharva*.

**Yoga :** (union avec Dieu) discipline spirituelle qui permet d'unir l'être distinct à l'Être Suprême.

**Yuga :** Chacun des quatre âges de la terre formant un cycle de 4 320 000 ans.

# Table des matières

# La Bhagavad-gītā telle qu'elle est

**par Śrī Śrīmad A. C. Bhaktivedanta Swami Prabhupāda**

La **Bhagavad-gītā telle qu'elle est** nous présente l'essence de la connaissance védique et dépeint de façon claire et détaillée la nature de l'âme, la conscience, le karma, le temps, la réincarnation, les différents yogas, l'univers et Dieu, la Personne Suprême.

Originellement écrite en sanskrit, La **Bhagavad-gītā telle qu'elle est** traduite et commentée par Śrī Śrīmad A. C. Bhaktivedanta Swami Prabhupāda nous est ici offerte en français, soit en livre de luxe avec couverture rigide ou en livre de poche avec couverture souple.

Les deux formats contiennent le texte sanskrit original, la translittération en caractères romains, l'équivalent français de chaque terme sanskrit et la traduction en prose de chaque verset suivie d'un commentaire élaboré.

Couverture rigide, format de luxe, 992 pages
18 chapitres totalisant 700 versets, 16 illustrations en couleurs
ISBN 978-1-84599-057-2

Couverture souple, format de poche, 800 pages
18 chapitres totalisant 700 versets, 16 illustrations en couleurs
Code gratuit pour format numérique et audio inclus dans le livre de poche
ISBN 978-91-7149-753-6

Application pour iPhone et iPad disponible sur Apple App Store — Télécharger dans l'App Store

Vous pouvez vous procurer ce livre au centre le plus près
de chez vous ou à blservices.com ou amazon.fr

**Visitez bbtmedia.com**

Livres numériques · Livres audio · Applications · Podcasts

# Centres de bhakti-yoga dans les pays francophones

**Acharya-fondateur Śrī Śrīmad A.C. Bhaktivedanta Swami Prabhupāda**

Pour une liste complète de tous les centres à travers le monde visitez **centres.iskcon.org** ou **directory.krishna.com.** Pour des informations sur les horaires, festivals, cours ou conférences, adressez-vous au centre le plus près de chez vous. Mise à jour des adresses : novembre 2019

✦ Centres où il y a un restaurant

### France

**Paris** – 230 Avenue de la Division Leclerc, 95200 Sarcelles; Tél. +33 (0)1 34 45 89 12; paris@pamho.net; iskcon.fr

**Luçay-le-Mâle** – La Nouvelle Mayapura, Domaine d'Oublaise, 36360 Luçay-le-Mâle; Tél. +33 (0)2 54 40 23 95; newmayapur.com

### Suisse

**Zürich** – Krishna-Gemeinschaft Schweiz, Bergstrasse 54, 8032 Zürich; Tél. +41 (0)44 262 33 88; kgs@krishna.ch; krishna.ch

**Langenthal** – Gaura Bhaktiyoga Center, Dorfgasse 43, 4900 Langenthal; Tél. +41 (0)62 922 05 48; gaura.bhaktiyoga.center@gmx.ch; gaura-bhakti.ch

### Canada

**Montréal** – 1626 boulevard Pie-IX, Montréal (Québec) H1V 2C5; Tél. +1 514 521 1301; iskconmontreal@gmail.com; iskconmontreal.ca

**Ottawa** ✦ 212 Somerset Street East, Ottawa (Ontario) K1N 6V4; Tél. +1 613 565 6544; ottawa.iskcon.ca

### Côte d'Ivoire

**Abidjan** – Temple Hare Krishna, Cocody-Angre, Villa 238, Cité Blanche, Abidjan; (P.O. Box: 09 BP 715 ABJ 09); Tél. +225 05 648 329, +225 42 145 150; bhakti.carudesna.swami@gmail.com

### Belgique

**Durbuy** ✦ ISKCON Radhadesh, Petite Somme 5, 6940 Septon–Durbuy; Tél. +32 (0)86 32 29 26; info@radhadesh.com; radhadesh.com

### La Réunion

**Le Tampon** – Association Réunionnaise Sankirtan, 48 rue Paul Velainc, 97430 Le Tampon; Tél. +(0)262 49 76 32, +(0)693 31 44 27; iskcon.reunion@gmail.com

### Île Maurice

**Bon Accueil** – ISKCON Vedic Farm, Hare Krishna Road, Vrindavan, Bon Accueil; Tél. +230 418 3955, +230 418 3185; sriniketandas@yahoo.com; iskconmauritius.org

**Phoenix** ✦ Sri Sri Radha Golokananda Mandir, Srila Prabhupada Street, Vacoas, Phoenix; Tél. +230 696 5804; info@iskconvedicfarm.mu; iskconmauritius.org

### République démocratique du Congo

**Kinshasa** – Commune de Mont Ngafula Mbudi Safrica, avenue du Fleuve N° 1, Kinshasa; Tél. +243 813 680 321; bhakti.carudesna.swami@gmail.com

### Togo

**Lomé** – Sis Face Place Bonke, dans l'allée du magasin Mousse Confort, Tokoin Hospital 01, BP 3105; Tél. +228 93 183678, +228 91 155164; iskcontogotokoin@yahoo.fr

# O



# Yard

Heather Hammonds

## Contents



Rigby®
A Harcourt Achieve Imprint

www.Rigby.com
1-800-531-5015

# Our Yard

This is our yard.
I help my dad
in the yard.

# My Little Spade

This is my little **spade**.

I dig in the yard

with my spade.

Dad digs in the yard, too.
He digs in the yard
with a big spade.

# Flowers

Here are some flowers.

The flowers are in a **pot**.

I like to look

at the flowers.

# Bugs

Little bugs go

into the flowers.

Can you see

a little bug

on a leaf?

# Birds

Birds come into our yard.

This bird is on the grass.

It is going to eat the worm.

This water is for the birds.

# Leaves

Look at the leaves.

Leaves come off the trees

in our yard.

I help Dad
with the leaves.

# Helping Dad

I like helping Dad

in our yard.

# Glossary

pot

spade

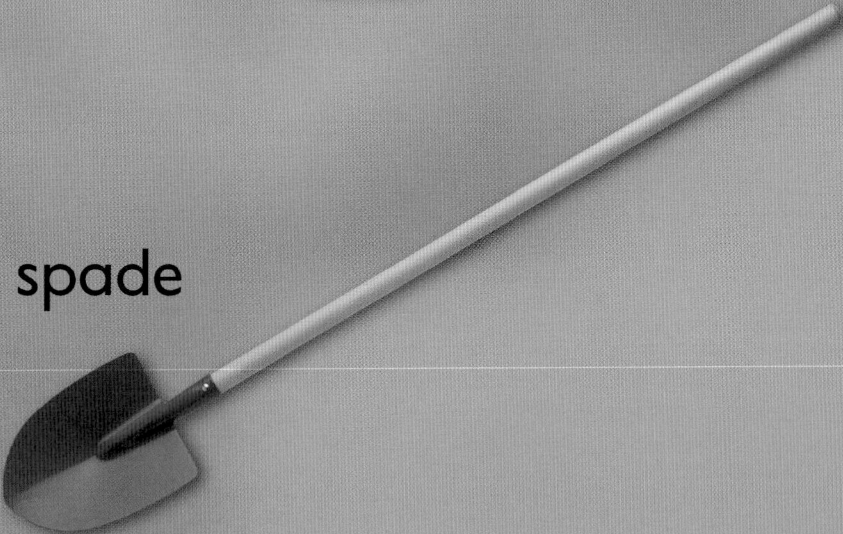